Franz Jostes
Die flämische Literatur im Überblick

SEVERUS Verlag

ISBN: 978-3-95801-600-2
Druck: SEVERUS Verlag, 2016

Nachdruck der Originalausgabe von 1917

https://pixabay.com/book-wall-1151405_1920.jpg

Der SEVERUS Verlag ist ein Imprint der Diplomica Verlag GmbH.
Bibliografische Information der Deutschen Nationalbibliothek:
Die Deutsche Nationalbibliothek verzeichnet diese Publikation in der
Deutschen Nationalbibliografie; detaillierte bibliografische Daten
sind im Internet über http://dnb.d-nb.de abrufbar.

© SEVERUS Verlag, 2016
http://www.severus-verlag.de
Printed in Germany
Alle Rechte vorbehalten.
Der SEVERUS Verlag übernimmt keine juristische Verantwortung
oder irgendeine Haftung für evtl. fehlerhafte Angaben und deren
Folgen.

Franz Jostes

Die flämische Literatur im Überblick

MIX
Papier aus verantwortungsvollen Quellen
Paper from responsible sources
FSC® C105338

Geleitwort

Das vorliegende Schriftchen verdankt seine Entstehung dem Auftrage, unsern Flamenoffizieren einige Vorträge über flämische Sprache und Literatur zu halten. Es war mir von vornherein klar, dass, wenn der Zweck erreicht werden sollte, das flüchtige Wort einen festen Rückhalt an einem kurzen gedruckten Leitfaden bekommen müsse; und da wir für die flämische Literatur im Deutschen einen solchen nicht besitzen, entschloss ich mich kurzerhand, selbst einen solchen zu schaffen. Es kam mir dabei zustatten, dass ich in der „Internationalen Monatsschrift" (Jahrgang XI) soeben einen Aufsatz über Guido Gezelle veröffentlicht hatte und ein zweiter über Hendrik Conscience druckfertig vorlag. Denn die Gedichte des einen und die Romane des andern bilden die beiden Höhenpunkte der neuern flämischen Literatur, um die sich alles übrige gruppiert. Dementsprechend mussten diese beiden Dichter auch ausführlicher behandelt werden, während ich mich sonst auf eine knappe Übersicht beschränken konnte. Von Gezelle, dessen Leben ein rein inneres war, ließ sich mit wenigen Strichen ein Bild entwerfen, das ich indes durch Verdeutschung einiger feiner Gedichte zu ergänzen gewagt habe. Vielleicht veranschaulichen sie dem Leser einigermaßen seine Eigenart und wecken das Interesse für die Originale.

Das Schriftchen über Conscience wird diesem auf dem Fuße folgen. Was ich hier biete, ist somit eine Gelegenheitsschrift, die ich ohne Bedauern in der Versenkung verschwinden sehen werde, sobald das Bedürfnis nach einer Geschichte der flämischen Literatur in deutscher Sprache befriedigt sein wird.

Münster, den 25. Januar 1917.   Franz Jostes.

Vorbemerkung

Im Jahre 1653 stieß bei einem Neubau auf der Nordseite der Brixiuskirche in der Unterstadt von Doornik ein stummer Maurer plötzlich auf einen Goldschatz, wobei er vor Aufregung die Sprache wieder erlangte. Nähere Untersuchung ergab, dass man das Grab einer hohen Persönlichkeit gefunden hatte, und ein Siegelring mit dem Bildnis des ehemaligen Besitzers und der Umschrift „Childirici regis" stellte es außer Frage, dass man in diesem den 481 gestorbenen Vater Chlodwigs, des Gründers des Merowingerreiches, zu fehen habe.

Es kann kaum einem Zweifel unterliegen, dass Childirich die letzte Ruhestatt in seiner Residenz erhalten hat, diese also das alte belgische Tornacus gewesen ist, wenn auch die spärlichen geschichtlichen Nachrichten darüber schweigen. Zu jener Zeit gab es indes noch mehrere fränkische Reiche, deren Herrscher anscheinend in Kameryk und Le Mans ihren Sitz hatten, die aber Chlodwig, ebenso wie Sigebert von Cöln, durch List oder Gewalt beseitigte. Als er bald darauf auch der römischen Herrschaft in Gallien ein Ende machte, verlegte er seine Residenz von Doornik nach Soissons, der bisherigen Hauptstadt der Römer.

Bis dahin hatten die Franken unter der Oberhoheit der Römer gestanden und für sie gekämpft. Derartige abhängige Bundesgenossen nannten diese gentiles. Gens aber heißt altdeutsch thiod und das Adjektiv dazu thiudisc, d.h. Deutsch. Im 9. Jahrhundert erscheint die Latinisierung Theodiscus, romanisch Thiois oder Tiois, wie die Franzosen ihre nördlichen Nachbarn nannten, während die östlichen bei ihnen Allemands hießen. Auch die belgischen Franken selbst haben ihre Sprache immer dietsch oder duutsc genannt, was im

16. Jahrhundert auf das Holländische überging, das von den Engländern noch jetzt Dutch genannt wird.

Der Name Flamen, den man jetzt für die Bewohner der alten Grafschaft Flandern, im weitern Sinne auch für alle Germanen des jetzigen Belgiens gebraucht, hat ursprünglich einen viel engern Sinn gehabt und nur die Bewohner zwischen Brügge und der Seeküste bezeichnet. Er soll Fremdlinge, Flüchtlinge bedeuten.

Wie also das Reich Childirichs mit der Hauptstadt Doornik die Wiege des karolingischen Reiches ist, so sind wahrscheinlich seine Bewohner die ersten Germanen, denen die Bezeichnung „Deutsche" galt.

Childirich ist nicht der erste König seines Volkes gewesen, das bereits gegen Ende des 3. Jahrhunderts in jener Gegend erscheint. Ob es dort eine keltische Bevölkerung verdrängte, oder ob die Belgen Cäsars keine Kelten, sondern, wenigstens teilweise, Germanen waren, ist strittig. Sicher ist jedoch, dass die spätere Bevölkerung nicht rein fränkisch war; es saßen dort nämlich auch Friesen und Sachsen. Nach den letztern ist die ganze Küste zwischen Rhein- und Loiremündung litus Saxonicum benannt, wenn auch das Volk nur nesterweise auf dieselbe verteilt war. Derartige sächsische Nester bildeten die Loiremündung, die Gegend von Bayeux und, was hier vor allem in Betracht kommt, die Gegend von Boulogne. Dort haben sich bis jetzt 42 sächsische Ortsnamen auf tun oder ton erhalten, die den englischen Ortsnamen auf to(w)n entsprechen, zugleich einer der Beweise dafür, dass die Sachsen nicht von der Elbemündung, sondern von der Ostküste des Ärmelkanals gekommen sind. Was von ihnen auf dem Festlande zurückblieb, ist gleich den Friesen völlig in den Franken aufgegangen, ohne dass in deren Sprache sichere sächsische Spuren zurückgeblieben wären. Das Flämische im engern wie im weitern Sinne ist also reines (Nieder-) Fränkisch.

Die Grenze zwischen Flamen und Wallonen ist uralt. Auf der Scheide des fruchtbaren und unfruchtbaren Belgenlandes legten die Römer eine im Mittelalter der Brunhilde zugeschriebene Heeresstraße an, die von Boulogne über Bavay führte, den Kohlenwald umging, weiterhin nach Maastricht lief, um schließlich in Cöln zu münden. Nördlich von ihr saßen die Flamen, südlich die Wallonen, und diese Grenze ist – abgesehen von dem jetzt zu Frankreich gehörenden Teile Flanderns -- bis heute im ganzen so geblieben.

Einheitlich ist die Sprache in dem flämischen Gebiete indes nicht; man unterscheidet vielmehr drei Hauptdialekte: das Limburgische, Brabantische und Flandrische. Doch herrscht über diese Dialekte als Schriftsprache seit 1815 das Holländische, wenn auch mundartliche Eigentümlichkeiten sich befonders bei den westflämischen Schriftstellern stark geltend machen.[1]

---

[1] Näheres darüber, wie über manches andere, das hier nur kurz berührt ist, findet man in meiner Schrift „Die Vlamen im Kampf um ihre Sprache und ihr Volkstum". 2. Aufl., Münster 1916.

Der Übertritt Chlodwigs zum Christentum (etwa 500) hatte auch die Christianisierung des jetzigen flämischen Landes zur unmittelbaren Folge. Die volkssprachliche Literatur, welche mit einer solchen stets verbunden ist, hat sich in des nicht erhalten. Auch von der altheidnischen Dichtung ist uns in niederfränkischer Sprache nichts überliefert, ja selbst die germanischen Sagen, die im Reiche Childirichs und Chlodwigs doch in Fülle vorhanden gewesen sein müssen, haben dort weder Aufzeichnung noch Weiterbildung gefunden. Doch verraten einige Dichtungen in der Fremde noch deutlich ihre Heimat. So vor allem der Lohengrin, der mit der Scheldemündung und Antwerpen eng verbunden geblieben ist. Auch die Gudrunsage erweist sich nicht nur durch den Wülpensand als sicher in Flandern beheimatet. Jene Sagen, welche die Kaufleute aus Münster, Soest und Bremen im 13. Jahrhundert mündlich (zum Teil auch wohl geschrieben) einem skandinavischen Sammler in Bergen lieferten, die dieser zur sogenannten Thidrekssage vereinte, sind gewiss zum guten Teil nur Transitgut, das jene aus Brügge und andern flämischen Handelsstädten geholt hatten; und wieviel schon in vor- und frühchristlicher Zeit aus Sluis und Thorhout in regstem Verkehr mit dem Norden diesem direkt zugeführt ist, wird sich wohl nie ganz klarstellen lassen. Die erst im 17. Jahrhundert auftauchende Erzählung von Genoveva, der Gemahlin des Pfalzgrafen Siegfrid von Brabant, bietet den Beweis dafür, wie lange sich ein Stoff im Volke verborgen zu halten vermag, bevor er schriftlich festgelegt wird; denn er bildet doch nur eine christianisierte Variante zu Sigurds Jugend, wie sie die Thidrekssage erzählt, was sich sogar in dem Namen ausspricht, da der gallischen

Genoveva sprachlich und im Kalender die flämische (Bert-) Hilde entspricht.

Die Belgier, Flamen wie Wallonen, waren ein sehr konservatives Volk, das zähe an den alten Überlieferungen festhielt. Wo anders sonst ist ein alter heidnischer Gott bis heute so populär geblieben wie der weltbekannte junge Dionysos in Brüssel, den die Stadt zum Ehrenbürger und Napoleon I. zum General ernannt hat? Und sein Brüsseler Bild war früher nicht das einzige im Lande! Nicht viel anders steht es mit seinem weiblichen Gegenstück, der alten Stadtgöttin, die in ihrem runden „Zaun" (Turmkrone) und mit ihrem Löwen als „Magd von Gent" usw. fortlebt.

Und wenn ausgesprochen heidnische Bildwerke sich in dieser Weise erhalten haben, sollte denn da alles das, was man in heidnischer Zeit sang und sagte, spurlos verschwunden, oder manches nur auf den ersten Blick unkenntlich geworden sein? Wenn – was unbestritten ist – die älteste germanische Poesie eine chorische, d. h. eng mit Spiel und Tanz verbunden war, dann lässt sich einigermaßen beurteilen, auf welche Weise sich diese Sagen fortpflanzten, entarteten und zugrunde gingen. Flandern war von jeher sehr reich an theatralischen Um- und Aufzügen, die zum Teil sogar die Zeit der französischen Revolution überdauert haben. Sie sind im Laufe der Jahrhunderte vielfach umgewandelt und dem jeweiligen herrschenden literarischen Geschmack angepasst worden; aber manche Elemente sind doch auch heute noch als uralt kenntlich geblieben, wie die Jugend, Werbung und Hochzeit des „Riesen", der Drachenkampf usw., die einen festen Beftandteil der Feierlichkeiten bildeten.

Diese Aufzüge trugen bald einen weltlichen, bald einen kirchlichen, meistens einen sehr gemischten Charakter.

Das zeigt sich noch in Einzelheiten. In Antwerpen, Ypern usw. sang man z. B. früher ein „Riesenlied", dessen erste Strophe lautet:

> *En als de groote klokke luyt, de klokke luyt,*
> *De reuze komt uyt;*
> *Keer u eens om, reusjen, reusjen,*
> *Keer u eens om, Gij schone bloom.*

Der Text ist gewiss, so wie er vorliegt, nicht ursprünglich; näher dürften dem Original zwei andere stehen, die, wie Dr. Kentenich jüngst gezeigt hat, mit derselben Melodie nach Deutschland gewandert sind, von denen eins schon im 16. Jahrhundert im Dithmarschen bezeugt ist; dort sang man zum Springeltanz:

> *Ik weet mi eine schoone magt,*
> *Ik nem se gern to wiwe,*
> *Konde se mi van haverstro Spinnen de kleine siden.*

In Bonn aber singt bei der sogenannten Kauler Kirmes jung und alt noch jetzt:

> *Op de Kule Kermes*
> *Do jeht et löstig zo,*
> *Do danze me op de Strömpe,*
> *Verschliesze me och keen Schoo.*

Hüben wie drüben also ein Tanzlied und der letzte Text weist vielleicht sogar auf einen Tanz in bloßen Füßen, d. h. auf einen alten Kulttanz. Das wird noch wahrscheinlicher, wenn man die Melodie ins Auge fasst, die überall im wesentlichen zu der Jubelmelodie der Echternacher Springprozession stimmt! Diese selbst muss uralt sein: in der Theologie der Karolingerzeit ist für sie kein Platz, und noch weniger in der spätern. Sie gehört in eine ältere Periode, in welcher der Einfluß von Völkern, die den religiösen Tanz kannten, maßgebend war, wie die in Gallien zur Merowingerzeit so mächtigen Syrer. So weit diese kamen – und auch nicht weiter – finden wir den religiösen Tanz zum Teil, wie in Spanien, auch jetzt noch.

Wenn der Prümer Abt Servatius Otler gemeint hat, die Echternacher Prozession als solche „sei durch christlich fromme Umwandlungen aus irgendeinem heidnischen Gebrauch entstanden", so ist das schwerlich ganz richtig, aber sie ist samt dem Gefang älter als das Christentum und war anscheinend ursprünglich mit der Feier einer Götterhochzeit verbunden. Sicher kann man das, meines Erachtens, von dem berühmtesten flämischen Liede des Mittelalters behaupten:

> *Naar Oostland wil ik varen,*
> *Daar woent er mijn zoete lief,*
> *Over berg en over daalen,*
> *Schier over de heiden,*
> *Daar woont mijn zoete lief.*

Es wird zwar gewöhnlich als „Auswanderungslied bezeichnet und mit der flämiwchen Kolonisation in Deutschland (12.–13. Jahrhundert) in Verbindung gebracht, was indes nur mit Hilfe der später umgearbeiteten ersten Strophe möglich ist. Aber selbst diese Umdichtung

> *Naar Oostland willen wy ryden,*
> *Naar Oostland willen wy mêe,*
> *Al over die groene heiden,*
> *Frisch over die heiden*
> *Daar isser een betere stêe*

hat, wenn man genauer zusieht, keinerlei Beziehung zu einer Kolonistenauswanderung, sondern ist veranlaßt worden durch den Gebrauch des Liedes als „Verhuizingslied"; es wird in den Kempen ja auch noch jetzt bei der Einholung der Mägde gesungen, die eine neue Stelle antreten. Ursprünglich war es ein Werbelied, gesungen vom Helden beim Antritt seiner Fahrt zum Often, woher er ja auch in unsern Epen – man denke nur an den „König Rother" – seine Braut-Königin holt. Und siefer „Often" war nicht der Often der politischen, sondern der mythischen Geographie! Di Rolle der Liebsten, „dat hoogehuis"(Burg, Schloß), wo sie bewillkommt werden und „kühlen Wein" trinken, und anderes stellen den wahren Charakter des Liedes außer Frage.

So ließen sich noch manche Spuren verschollener Dichtungen ältester Zeit nachweisen, aber hier ist nicht der Ort, weiter darauf einzugehen, ja dass dies überhaupt geschehen ist, hat nur darin deine Berechtigung, dass es sich um ein paar interessante und allbekannte Punkte handelt.

Die erhaltene flämische Literatur setzt erst zu einer Zeit ein, als die westgermanische Kultur bereits im Zeichen des Minnedienstes stand. Chrestien von Troyes hatte die alten Helden in das Gewand der neuen höfischen Mode gekleidet und die einfachen Spielmannslieder und Volkssagen des verschiedensten Ursprunges zu größern Epen zusammengefasst, die Handlung architektonisch ausgebaut und die Charaktere psychologisch vertieft. Es war nicht bloß Mode, sondern mehr noch wirkliche künstlerische Überlegenheit, welche in der Dichtkunst einen völligen Bruch mit der Vergangenheit herbeiführte und der neuen Kunst überall allgemeine Anerkennung verschaffte, auch bei den Flamen. Bereits ihre ältesten Dichter, die wir kennen, sind der Form wie dem Inhalt nach völlig von den Romanen abhängig. Würden sie sich nicht einer literarisch allseitig und vollkommen ausgebildeten Sprache bedienen, so könnte man sogar auf die Vermutung kommen, dass es überhaupt keine ältere Literatur in Flandern gegeben habe. Sie zeigen sich aber in sprachlicher Hinsicht so durchaus auf der Höhe, dass sogar unsere deutschen Dichter, deren Kunst doch eine vierhundertjährige Entwicklung hinter sich hatte, den Limburger Heinrich von Veldeke als ihrer aller Herrn und Meister betrachteten, der „rechter rime alrerst began". Veldeke war der Hauptvermittler zwischen der französischen und der deutschen Dichtkunst. Er lebte eine Zeitlang am Thüringer Hofe und machte 1184 das große Kaiserfest in Mainz mit. Durch seine „Eneit", eine poetische Bearbeitung von Virgils Aeneis, vermittelt durch eine französische Dichtung, gewann er ein solches Ansehen, dass die Stutzer jener Zeit ihre Sprache „vlaemten", d. h. mit flämischen Worten und Wendungen mischten, und „flämisch" gleichbedeutend mit „gebildet" galt. Von seinen Liedern sind gegen dreißig Stück auf uns gekommen, die sämtlich in engem Anschluss an romanische Muster gedichtet sind.

Während wir Veldeke mit Recht auch zur deutschen Literatur zu rechnen pflegen, hat er anscheinend in Flandern gar keine Beachtung gefunden. Die uns erhaltenen neun Lieder des Herzogs Jan 1. von Brabant (1252–1294) weisen nicht auf ihn, sondern sind sehr volkstümlich und sangbar gehalten, wie sie denn auch sämtlich einen Refrain aufweisen.

Einsam und eigenartig steht ein Werk da, von dessen Verfasser man wenig weiß, das aber, von allem Zeitgeschmack unabhängig, durch seine rein menschliche Auffassung und Empfindung, durch seine natürliche Darstellung und seinen goldenen Humor sich bis heute in immer neuen Bearbeitungen lebenskräftig erhalten hat: „Van den Vos Reinaerde".

Um 1150 hatte ein sonst unbekannter Magister Nivardus in Gent die Tiersage lateinisch unter dem Titel Isengrimus bearbeitet. Die nordfranzösischen Dichter griffen den Stoff auf und bildeten ihn weiter in verschiedenen Versionen aus. Eine von diesen wurde von einem Flamen namens Arnold in der ersten Hälfte des 13. Jahrhunderts in seine Sprache gebracht, aber das Werk ist verloren und wir wissen von ihm nur aus einer sehr geschickten Überarbeitung, die der Ostflame Willem etwa 1260 vornahm und die dann hundert Jahre später von einem andern Dichter ergänzt wurde, denn das alte Werk enthält nur die Hofhaltung des Löwen.[2]

Die beste Handschrift des flämischen „Reinaert" ist in unserer Gegend erhalten (Schloß Dyck bei Düsseldorf); er ist

---

2   Wieder 100 Jahre später wurde diese Bearbeitung in Holland durch Hinrik van Alkmar mit Erklärungen versehen und in Bücher und Kapitel eingeteilt. Von seiner Arbeit ist nur wenig anders erhalten als in der niederdeutschen Übersetzung, die unter dem Titel „Reynke de Vos" 1498 in Lübeck erschien und den Weltruf der Dichtung begründete.

also schon bald nach seiner Abfassung auch bei uns gelesen worden.

Als Ahnherr und Fürst aller Dichter wurde indes Jakob van Maarlant betrachtet, ein Westflame in der Umgegend von Brügge, etwa 1235 geboren, ein Dichter von ganz ungewöhnlicher Fruchtbarkeit. Anfänglich bearbeitete er französische Epen: Alexander, Torec, Historie van den Grale, Historie von Troyen und das Buch vom Zauberer „Merlin". Letzteres ist uns nur in einer Burgsteinfurter Handschrift erhalten. Als eine sehr ernste Natur, der Wahrheit über alles ging, wandte er sich später von diesen „Lügenmären" ab und arbeitete an der Aufklärung und sittlichen Hebung seines Volkes. Der dichterische Wert seiner Werke litt unter dieser Tendenz indes nicht; denn während die epischen Dichtungen seiner Jugend der Bezeichnung „Reimereien" nicht unwert sind, stehen die Gedichte der spätern Periode entschieden höher, vor allem die zehnstrophigen, die unter dem Titel „Wapene Martyn" (Wehe Martin!) zusammengefasst werden. Es sind Zwiegespräche zwischen dem Dichter (Jakob) und seinem Freunde (Martin), in denen verschiedene Themata behandelt werden, so u. a. der böse Einfluss der Schmeichler auf den Adel, die Standesunterschiede und der Urfprung des wahren Adels, Mein und Dein als dieEltern von Hass und Feindschaft, der Vorzug der Armut vor dem Reichtum, die Vortrefflichkeit der Frauen. Der Dichter erweist sich hier wie überall als ein edeldenkender, freigesinnter Flame, der den Adel des Menschen in seinem Charakter sucht und dem es mit der Besserung der Menschen ernst ist.

Von seinen übrigen Werken seien hier noch folgende erwähnt: „Der Naturen Bloeme", eine Bearbeitung des Thomas Cantimpratensis „De Natura Rerum"; die „Rijmbijbel" (nach der Historia Scolastica des Petrus Comestor) und der unvollendete „Spiegel Historiael", eine freie Bearbeitung des Speculum Historiale des Vincenz von Beauvais in über

90 000 Versen, von denen mehr als ein Zehntel (besonders über niederländische Geschichte und den ersten Kreuzzug) hinzugefügt sind, während der Dichter andere Partien fortgelassen hat. Gegen Ende seines Lebens (er starb nach 1190 in Brügges Hafenstadt Damme, wahrscheinlich als Kanzleischreiber) entstanden „Der Kerken Clage" und „Van den Lande van Oversee". Das erste Gedicht bildet einen bittern Wehsang über das Verderbnis in der Kirche und die Entartung des Klerus, während das zweite, nach dem Verluste von Akkers 1291 verfasst, voll Begeisterung zu einem neuen Kreuzzug auffordert.

Unter Maarlants Nachfolgern ist der bedeutendste der Antwerpener Kanzleischreiber Jan van Boendale (etwa 1285–1365). Berühmt wurde sein „Lekenspiegel", eine übersichtliche Kirchengeschichte und Sittenlehre, Interessant für den Geist des flämischen Bürgertums in jener Zeit ist sein Gedicht „Jans Teesteye", d. h. die Meinung von Jan (Boendale), insofern er darin die Ansicht vertritt, dass eine Besserung der Verhältnisse nur aus dem Großhändler- und Bauernstande kommen könne, von dem entarteten Adel und Klerus indes nichts zu erwarten sei. Boendale ist ein begeisterter Verehrer Maarlants, nur dessen Frauenverehrung teilt er nicht: er hält die Weiber für minderwertig und eine Quelle vieler Übel.

Im 14. Jahrhundert finden sich die ersten Sprossen des Volksliedes, des weltlichen wie des geistlichen, wenn auch manches von beiden in eine weit frühere Zeit zurückreichen mag. Stand doch in den Niederlanden bereits im 13. Jahrhundert die Musik nicht nur in hoher Blüte, sondern auch die Herstellung von musikalischen Instrumenten, die in alle Welt ausgeführt wurden. Als die eigentliche
Blütezeit der Volksliedertexte aber ist die Zeit von 1540 bis 1550 zu betrachten. Am Ende dieser Periode hat ein Sammler alles, was er an weltlichen Stücken zu erreichen vermochte, Altes und Junges, zusammengestellt und unter dem Titel

„Een schoon Liedekensboek" 1544 in Antwerpen drucken lassen, um „Trübsinn und Melancholie zu vertreiben". Die Sammlung, welche nicht weniger als 221 Nummern enthält, hat Hoffmann von Fallersleben (Hannover 1855) nach dem einzigen noch vorhandenen Exemplar neu herausgegeben.

Die Heimat der Stücke ist im einzelnen nicht immer festzustellen, denn zwischen Nord, Süd und Ost hat hier ein ständiger Austausch stattgefunden, und dasselbe ist beim geistlichen Volkslied der Fall, dessen Hauptheger und -pfleger die Nonnen und Beghinen waren. Es sind uns nur handschriftliche Sammlungen erhalten, darunter drei allein aus Niederdeutschland (aus Münster, Werden und Ebstoef). Es fehlt aber noch immer an einer kritischen Ausgabe der vielfach voneinander abweichenden Texte, leider, denn es sind viele Perlen echter Poesie darunter.

Das 14. Jahrhundert war die Blütezeit der flämischen Prosa, als deren Meister der Prior des Klosters Groenendael bei Brüssel, Jan van Runsbroec (1294–1381) dasteht. Ein persönlicher Freund von Joh. Tauler, der ihn mehrmals aufsuchte, stand er mitten in der mystischen Bewegung jener Zeit. Weniger einseitig spekulativ als Meister Eckart, aber sprachgewaltig wie dieser verstand er es, die Mystik in steter Fühlung mit dem Leben zu halten, das „Wirken" mit dem „Schauen" zu verbinden und bei aller Vorliebe für den Aufenthalt in den höchsten Regionen des geistigen Lebens stets festen Boden unter den Füßen zu behalten. Daher sein Streben, dem Fluge des Gedankens eine sichere Bahn vorzuschreiben und den Strom des Gefühls nicht breitschlägig über die Ufer gehen zu lassen. Keiner der deutschen Mystiker ist so systematisch veranlagt und geht so methodisch bei der Entwicklung seiner Ideen vor wie er. Alles, was er geschrieben, ist bedachtsam angeordnet, jeder einzelne Gedanke steht im richtigen Verhältnis zur Grundidee: jede seiner Schriften gleicht einem nach sorgfältig ausgearbeitetem Plane ausgeführten einheitlichen Bauwerk. Darin liegt auch der Grund seines großen Einflusses auf die Mit- und Nachwelt. Die gesamte religiöse Literatur der Folgezeit, die niederländische sowohl wie die niederdeutsche, ist inhaltlich wie sprachlich in hohem Maße von ihm abhängig. Vor allem schloß sich die von Geert de Groote ins Leben gerufene „Moderne Devotie" an ihn an. Weltruf erlangte die aus diesem Kreise hervorgegangene „Nachfolge Christi" des Thomas von Kempen, und ihr letzter bedeutender Ausläufer war der münstersche Fraterherr Johannes Veghe († 1504).

Übrigens war schon fast 100 Jahre vor Runsbroec die Mystik in flämischer Sprache literarisch zur Geltung gekommen, und zwar durch eine Frau, Schwester Hadewijch, von deren Persönlichkeit wir nicht mehr wissen als das wenige, was sie uns selbst verrät. Sie gibt uns in Prosa und Versen ein Bild ihres mystischen Innenlebens und weiß die Sprache der Glut ihrer Minne und der Tiefe ihrer Gedanken mit kühnem Griffe dienstbar zu machen.

Das 15. Jahrhundert brachte die flämische Dichtung wie die unsere unter die Herrschaft der Singschulen, deren Mitglieder sich Rederijker (Rhetorici) nannten. Hüben wie drüben war Formelkram und Verknöcherung die Folge des handwerksmäßigen Betriebes. Nur eine Gestalt ragt aus der Menge dieser Verseschmiede hoch empor und zwar ist es die einer Frau: Anna Bijns. Sie lebte als Lehrerin in Antwerpen, wo sie etwa 1495 geboren und weit über 80 Jahre alt, auch gestorben ist. Ihre „Refereinen", d. h. kunstmäßige, mit einem Refrain versehene Lieder, die alle aus ihren besten Jahren stammen, schließen sich zwar in der Form den Schulgesetzen an, unterscheiden sich aber von den sonstigen Refereinen durch ihren echt dichterischen Gehalt und sind dort, wo die entschiedene Gegnerin Luthers die Polemik ruhen und die zartern Regungen ihres Herzens und ihren feinen Sinn für Natur zum Ausdruck kommen lässt, oft von rührender Innigkeit und bezaubernder Anmut. Auf seiten der Kalvinisten ist weitaus die bedeutendste Erscheinung Phil. Marnix van Sint Aldegonde, geboren 1538 in Brüssel, gestorben in Leiden 1598. Seine Satire „Biencorf der H. Roomsche Kercke" hat Fischart hochdeutsch bearbeitet. Gewöhnlich wird ihm auch das kraftvolle Kampflied der „Geuzen" „Wilhelmus van Nassouwen" zugeschrieben.

Die Dichtkunst sank immer tiefer, und in den beiden folgenden Jahrhunderten traten nur zwei Schriftsteller auf, die den Namen Dichter wirklich verdienen: Michiel de Swaen(1654–107) und Adrian Poirters. Namentlich der letztere hat sich viele Generationen hindurch großer Beliebtheit erfreut. Geboren 1605 zu Oosterwijk in Nordbrabant, trat er mit 20 Jahren in den Jesuitenorden, wirkte später an verschiedenen Schulen als Lehrer und die letzten dreißig Jahre als Prediger in Mecheln, Lier und Antwerpen. In der letztern Stadt ist er 1674 gestorben. Von seinen zahlreichen Schriften ist die berühmteste „Het Masker van de Wereld afghetrocken" (Die entlarvte Welt), ein „Narrenschiff", das sich aber ungleich länger auf den literarischen Waffern zu halten vermocht hat als seine deutschen Vorgänger; denn es hat seit 1646 nicht weniger als 34 Auflagen erlebt und ist bis tief ins 19. Jahrhundert hinein fleißig gelesen worden. Der Dichter ist weder ein zürnender Prediger noch ein langweiliger Moralisator, sondern ein überaus anmutiger Erzähler von tiefem Gemüte, der mit heiterer Miene seine scharfen Beobachtungen vorzubringen weiß und den Leser durch seine Einfälle, Witze, Vergleiche, Bilder und Anekdoten fortwährend in Spannung hält. Dabei ist seine Sprache natürlich, einfach, aber sehr glatt und gewandt und seine Verse, mit Prosa untermischt, sind so fließend und melodisch, wie wir sie in unserer deutschen Literatur jener Zeit vergeblich suchen. Allein schon sein allerliebstes Gedicht „Jesus en Sint Janneken", das wie eines der besten Bilder aus der altflämischen Schule anmutet, wäre seinen Namen zu verewigen imstande.

Neben den Werken dieser Männer hatten die Flamen der Folgezeit fast nur noch die sogenannten „Blaubücher", d. h. die Volksbücher vom Hürnen Siegfried, Genoveva usw., als Lektüre. Die Französierung des Landes machte von Jahrzehnt zu Jahrzehnt weitere Fortschritte und die Gebildeten schrieben und lasen nur noch französische Schriften. Erst nach 1815, d. h. nach der Vereinigung der nördlichen und südlichen Niederlande besserten sich die Verhältnisse, da das Niederländische in Flandern zur Sprache der Verwaltung erhoben wurde. Die flämische Literatur gewann wieder neues Leben und die einmal in Fluß gekommene Bewegung ließ sich auch nicht mehr aufhalten, als nach der Schöpfung des Königreichs Belgien neue französische Stauwerke gebaut wurden. Allen voran ging Jan- Frans Willems (1794–1846), zwar nicht als Dichter – denn als solcher war er unbedeutend –, wohl aber als Gelehrter, der die literarischen Schätze der flämischen Vergangenheit wieder aufdeckte und dem Volke einen hoffnungsvollen Ausblick in eine bessere Zukunft eröffnete. Gelehrte wie Snellaert, David, Blommaert u. a. arbeiteten mit ihm auf gleichem Felde und setzten sein Werk fort.

Als der erste Dichter von wirklicher Bedeutung trat Prudens van Duyse aus Dendermonde auf (1804–1859), der zunächst als Lehrer am Athenäum in Gent, später als Stadtarchivar daselbst wirkte. Er dichtete mit seltener Leichtigkeit, vermochte in Versen schon zu denken, und die Reime fielen ihm von selbst zu. Aus dem Stegreif ganze Reden in den glattesten Versen zu halten, war ihm eine Kleinigkeit, wozu er jederzeit bereit war. Das hatte zur Folge, dass er nicht nur zuviel und bisweilen auch invita Minerva dichtete, sondern auch vornehmlich nur als unvergleichlicher Improvisator genommen wurde, während er in der Tat doch ein bedeutender Dichter, ja vor Gezelle vielleicht der bedeutendste war.

Neben ihm steht in hohem Ansehen Karl Ludwig Ledeganck, geboren 1805 in Eeclop und 1847 als Provinzialschulinspektor in Gent gestorben. Allbekannt und zum eisernen Bestand der flämischen Lesebücher gehören seine Gedichte auf die drei Schwesterstädte Gent, Brügge und Antwerpen, die nicht mit Unrecht „das dichterische Evangelium der flämischen Bewegung" genannt werden.

Der dritte bedeutende Lyriker der ersten Periode ist Jan van Beers (1821–1888), Lehrer an der Normalschule zu Lier, später am Athenäum seiner Vaterstadt Antwerpen.

Eng befreundet mit Conscience, teilt van Beers dessen idealisierenden, gefühlvollen, bisweilen rührseligen Grundton, vor allem in seinen frühern Gedichten, während er in seiner letzten Sammlung „Rijzende Blaren" (Fallende Blätter) sich freier davon gehalten hat.

Neben diesen verdienen hier noch folgende Dichter genannt zu werden: Der Antwerpener Theodor van Rijswijck (1811–1849), eine lustige Spielmannsnatur, die unbekümmert um das Morgen das wenige genoß, was ihr das Heute beschied. In seinen leicht hingeworfenen, frischen und sangbaren „Politieke Refereinen" (1844) und „Volksliedjes" griff er bald mit frischem Humor, bald mit beißendem Witz, immer aber schlagkräftig in den Flamenkampf ein und half diesen volkstümlich machen.

Der Limburger Michiel Dautzenberg ging bei den Deutschen, vor allem Platen und Rückert, in die Schule und erstrebte wie sie eine tadellose Form. Seine Vorliebe für klassische Versmaße verlegte ihm den Weg zum Herzen des Volkes, während er in den gebildeten Kreisen großes Ansehen genoß und nicht ohne Einfluß auf andere Dichter blieb. Dieselbe Richtung verfolgte Jan van Droogenbroek (1835–1902), der auch Makamen und Ghaselen dichtete.

Dautzenbergs Schwiegersohn, der Antwerpener Frans de Cort (1834–1878), war durch das Volkslied und noch mehr (in seinen politischen Liedern) durch Béranger beeinflußt. Seine flämischen Kampfgedichte aus der frühern Zeit (bevor er im Kriegsministerium eine Anstellung fand) sind überaus scharf und wirkungsvoll; doch verstand er auch zarte und innige Töne anzuschlagen.

Kampflustiger Flamingant wie de Cort, zugleich aber ein leidenschaftlicher Gegner des Klerus, war der Genter Advokat Julius Vuylsteke (1836–1903), dessen formvollendeten Gedichte („Zwijgende Liefde" und „Uit het Studentenleven") deutlich den Einfluß Heines verraten.

Keiner von den flämischen Dichtern war bei seinem Volke so beliebt und auch in Deutschland so bekannt wie Emmanuel Hiel (1834–1899). Ein feuriger Flamingant „die lebendige Fahne des flämischen Heeres", zugleich der anmutige Sänger von Lenz und Liebe, dessen leicht fangbare, an Prudens van Duyse gemahnende Lieder, von Benoit und andern vertont, tief ins Volk drangen, so daß man nicht ohne Grund gesagt hat: Hiel habe die Flamen wieder singen gelehrt, wie Conscience sie wieder lesen gelehrt habe.

An der Spitze der Prosadichter steht der Zeit wie der Bedeutung nach Hendrik Conscience. Geboren 1812 in Antwerpen als der Sohn eines ehemaligen französischen Matrosen, wuchs er, während der Kinderjahre kränklich, ohne regelrechte Schulbildung auf, aber Anlage und Fleiß ermöglichten es ihm, später eine Anstellung als Unterlehrer in verschiedenen Schulen zu finden, bis der Freiheitskrieg 1830 ihm Gelegenheit bot, freiwillig Soldat zu werden, was er bis 1839 blieb. Nach Antwerpen zurückgekehrt, geriet er in das politische Getriebe, aber da man, wie er später einmal selbst klagte, in seiner Vaterstadt, nicht mit Schneeballen, sondern mit Eiskegeln wirft", wurde er arg zugerichtet und ging davon, um Gärtner zu werden. Nach acht Monaten gelang es indes seinen Freunden anläßlich des Begräbnisses des Direktors der Malerakademie van Bree, an dessen Grabe er eine ergreifende Rede hielt, ihn dieser Beschäftigung wieder zu entziehen, obwohl er sich bei ihr sehr glücklich fühlte. Er wurde durch Vermittlung des Direktors Wappers 1841 Sekretär der Malerakademie in Antwerpen, legte aber, als Wappers aus dem Amte schied, diese Stelle wieder nieder. 1857 wurde er endlich der drückendsten Nahrungssorgen enthoben, indem ihn die Regierung zum Arrondissements-Kommissar in Kortrijk ernannte, um dort ein Gegengewicht gegen die französische Propaganda zu bilden. Zehn Jahre hatte er dieses Amt verwaltet, als er 1868 die für ihn eigens geschaffene Stelle eines Direktors der Königl. Mufeen in Brüssel erhielt. Reich an Ruhm und Auszeichnungen ist er dort 1883 gestorben und in seiner Vaterstadt mit königlichen Ehren begraben worden.

Consciences Bedeutung gebührend zu würdigen, ist hier nicht möglich. Ich beschränke mich darauf, hervorzuheben, dass er auch jetzt noch zu den meistgelesenen Schriftstellern in Flandern gehört. An der beispiellosen, durch alle Wandlungen des Geschmackes ihm treu gebliebenen Volksgunst ist die Kritik, auch wo sie berechtigt war, jämmerlich zuschanden geworden.

Conscience hat zahlreiche, zum Teil sehr fruchtbare Nachfolger gefunden, von denen hier nur einige genannt werden können.

Dominicus Sleeckx (1818–1901), dessen Schilderungen des Volkslebens in Stadt und Land realistischer, aber auch nüchterner sind als die Consciences. Die Gebrüder Schnieders, Renier (1812–1888) und August (1825–1904), von denen der letztere, der über 50 Jahre „Het Handelsblad" in Antwerpen redigierte (Renier war Arzt), gleichwohl, wie er selbst schreibt, zeitlebens ein Kempener Bauer blieb, der populärste Schriftsteller neben Conscience war. Er weiß, wie sein Vorbild, zu fesseln und zu rühren, besitzt aber zugleich, wie sein Bruder, einen guten Humor, den er in der Schule van Dickens ausgebildet hat. Einiges von ihm ist auch ins Deutsche übersetzt.

Eine besondere Stellung nimmt der im 30. Lebensjahr in Armut gestorbene Möbelmaler Eug. Zettermann (Joseph Diricksens) (1826–1853) ein, der in seinen beiden Romanen „Bernhard de Laet" und „Mijnheer Luchtervelde" sich als ein Vorläufer der sozialen Bewegung ausweist.

Die Dorfnovellen der Vrouwe Courtmans (1811–1890) triefen allzusehr von Rührung und wässeriger Moral. Glücklichere Federn führten die Schwestern Rosalie (1834 bis 1875) und besonders Virginie Loveling (geboren 1836) trotz ihres warmen Gefühls für die Schwachen und Bedrückten und ihrer Vorliebe für dunkle Farben.

Erwähnt zu werden verdient auch Anton Bergmann. (1835–1874), dessen, unter dem Pseudonym Tony erschienener, auch ins Deutsche übersetzter „Ernest Staes" (1874) dichterisch verklärte Erlebnisse aus der Studenten- und Advokatenzeit des Verfassers enthält.

***

Von alters her sind die Flamen ein sehr schauspielfreudiges Volk gewesen. Ursprünglich standen die Aufführungen in enger Verbindung mit Kirche und Schule, nahmen aber mit der Zeit einen mehr weltlichen Charakter an. Zwei Jahrhunderte früher als in Deutschland entstanden dort bereits rein weltliche Schauspiele, die, wie deutlich aus dem Text hervorgeht, von Bürgern gespielt wurden. In einer Handschrift der Brüsseler Königl. Bibliothek sind uns zehn solcher Stücke erhalten, vier ernste („abele [habiles] spelen") und sechs scherzhafte (sotternien, kluchten oder cluyten), die wohl alle von demselben Dichter herrühren und um 1350 in Versen abgefasst wurden. Besonders wertvoll sind davon die ernster: Esmoreit, Gloriant und Lanceloot van Denemarken – das vierte ist ein allegorischer Dialog –, die bei aller Einfachheit durch Frische und Lebendigkeit sich auszeichnen; und wenn auch die Charakterzeichnung natürlich noch schwach ist, so kann man sie doch mit Recht als Dramen im modernen Sinne bezeichnen. Der Inhalt beweist, dass die Aufführungen von Bürgern (in Gent?) und vielleicht schon von einer Schauspielergilde erfolgte. Derartige Gesellschaften, deren Mitglieder sich Rederijker (rhetorici) nannten, lassen sich freilich erst später urkundlich nachweisen. Ihren Namen führen sie, weil sie sich allgemein mit der Pflege der Sprache in Versen und Prosa befassten: Diese Rederijkerkammern, deren jede ein eignes Wappen und einen eignen Wahlspruch wählte, nach denen sie gewöhnlich benannt sind, entstanden in allen Städten und Städtchen, ja sogar auf dem Lande.[3] Zu den ältesten von ihnen gehört die aus dem Jahre

---

3   Anfänglich war gewöhnlich das Wappen für den Namen entscheidend, später

1448 stammende „Fonteine" in Gent. Von den Fürsten und sonstigen hohen Herren gefördert, hielten sie sich lange in Blüte, bis sie im 17. Jahrhundert allmählich an Bedeutung verloren, und man auf Mittel sinnen musste, ihnen neues Leben einzuflößen. Diese sah man in den Preiskämpfen, deren erster 1773 in Zomergem ausgeschrieben wurde. Vor allem in Westflandern, bis heute trotz seiner geographischen Lage die am wenigsten verfranschte Gegend Belgiens, aber auch anderswo, gelangten sie zu neuer Blüte. In Gent wurde das flämische Schauspiel dem französischen allmählich so gefährlich, dass, um dieses halten zu können, im Jahre 1800 den Fonteinisten verboten wurde, weiter zu spielen. Zwar wurde das Verbot nicht in vollem Umfang aufrechterhalten, aber der Hochflut des Franzosentums vermochte man doch nicht standzuhalten, und die Spielgesellschaften verkümmerten mehr und mehr, bis die südlichen Niederlande 1815 mit den nördlichen vereint wurden. Aber so wenig wie in früherer Zeit hatte auch damals die Blüte des Theaters eine Blüte des Dramas zur Folge: man behalf sich mit minderwertigen Originalen oder Übersetzungen. Außer einigen Stücken von Schiller (besonders Kabale und Liebe) waren es vor allem Kotzebues Werke, welche die Bühne beherrschten.

Neben den Schauspielgesellschaften, die, wenn auch in veränderter Form, bis heute fortleben und einen mächtigen Damm gegen die Verfrandchung bilden, müssen auch die Puppenspiele genannt werden, die namentlich in den untersten Schichten der städtischen Bevölkerung bis in die jüngste Zeit den Sinn für das Schauspiel wachhielten. Man braucht nur die „Geschichte meiner Jugend" von Conscience zu lesen, um die Bedeutung zu erkennen, die sie für das Volk hat-

---

der Wahlspruch. Von hier stammt die eigentümliche Sitte, nach der sich auch heute noch literarische und sonstige Vereine nach ihrem Wahlspruch benennen: „Van Nu en Straks", „Met Tijd en en Flijt", „ 't Zal wel gaan" usw.

ten. Noch in den 70er Jahren wohnte Conscience in Brüssel einer von „Poesjenellen" (Puppen) gespielten Aufführung seines dramatisierten „Bauernkrieges" bei.

Das Ideal von Jan-Frans Willems, ein nationales Theater im Sinne von Lessing entstehen zu sehen, sollte sich nicht verwirklichen. Wohl gelang es dem Genter Arzt Hippolyt van Peene (1811–1864), Kotzebue und ähnliche Dramatiker zu vertreiben und die Hunderte von Gesellschaften alljährlich mit neuem Stoffe zu versehen – er hat gegen 40 Stücke geschrieben! – aber der literarische Wert seiner Dramen ist nicht hoch zu veranschlagen. Auch Frans Gittens (geboren 1842) und Nestor de Tiére (geboren 1856), der einem gemäßigten Realismus huldigt und insofern vorbildlich wirkt, ebenso manche andere, die sich in uneigennütziger Weise um das Theater bemühten und verdient machten– ich nenne hier nur Rodenbach (Gudrun), Hektor Planéquaert (De dood van Karel den Goede), Hegenfeheid (Starkadd), Raf. Verhulft (Jefus de Nazarener), – blieben hinter dem Ideal zurück, ln den letzten Jahrzehnten ift die Produktion eine überrafchend ftarke; waren doch beifpielsweife bei der dreijährigen Staatspreisverteilung 1891 nicht weniger als 56 Stücke eingesandt worden! Auf einen wahrhaft großen nationalen Dramatiker aber wartet Flandern noch immer.

***

Die Dichter der ersten Periode standen, was den Inhalt anlangt, mehr oder weniger im Banne der Romantik, und zwar der französischen Romantik. Der Bruch mit dem Klassizismus nahm seinen Anfang in der Antwerpener Malerakademie, deren Direktor van Bree dessen letzte Säule war. Wappers war daneben der Vertreter der jungen Romantiker, deren Ideal er als Direktor zur Herrschaft brachte. An diesen jungen Künstlern hatten die Literaten einen sichern, ja ihren einzigen Rückhalt; ohne Wappers hatte Conscience sich unmöglich über Wasser halten können. Unter den Malern allein fanden die Dichter Verständnis und Ermunterung; man empfand auf beiden Seiten die Geistesverwandtschaft und schloss sich daher um so enger aneinander, als sie beide in der Welt der Wirklichkeit sich fremd fühlten. Die Malerei war von jeher der Stolz der Flamen gewesen, sie bildete den Rest der altflämischen Kultur, der damals noch lebendig war und Bewunderung fand. Kein Wunder, dass die auf kahlem Boden beginnenden Schriftsteller unter den Einfluss der Maler und ihrer Kunst gerieten! Es ist eine eigentümliche, aber wohlverständliche Erscheinung, dass auch ihre Kunst diesen Einfluss verrät, dass in der Literatur Schilderung und Malerei vorherrschen. Gewiss mag diese Vorliebe zum Teil in der Geistesanlage der Flamen überhaupt begründet sein, aber wäre die Antwerpener Malerkneipe „Het Zwarte Paard" nicht die geistige Wiege Consciences gewesen, wären die Beziehungen zwischen beiden Künsten nicht dauernd so innige geblieben, es würde nicht begreiflich sein, das sich bis heute – man denke nur an Stijn Streuvels – so viele ausgesprochene Malertypen in der flämischen Literatur finden, ja dass Schilderung und Malerei diese völlig beherrschen.

Die Dichter waren indes erheblich ungünstiger gestellt, denn die Malfarben waren neutral, die Dichterfarben aber durchaus nicht: sie waren klassisch, von Bilderd jk, Da Costa und Tollens gerieben und gemischt. Aber sie aufzugeben, daran dachte man nicht, war auch außerstande dazu. So blieb man, soweit die Form in Betracht kommt, der Überlieferung getreu und arbeitete weiter nach den berühmten und allgemein anerkannten Mustern. Erst anfangs der 60er Jahre stand ein Dichter auf, der neue Bahnen einschlug; aber er wurde nicht verstanden und musste jahrzehntelang allein seines Weges gehen. Es war Guido Gezelle.

Gezelle wurde als der Sohn eines Gärtners in Brügge am 1. Mai 1830 geboren. Seine Gymnasialbildung erhielt er im bischöflichen Kleinen Seminar zu Rousselaere, wo er nach Vollendung seiner theologischen Studien auch für einige Zeit (1857–1860) als Lehrer wirkte. Obwohl er einen tiefgehenden und sehr wohltätigen Einfluss auf seine Schüler ausübte, und diese ihm warme Liebe und Verehrung entgegenbrachten, die bei den Überlebenden bis heute andauert, wurde er doch, da sein Unterricht in das total verrottete System der Anstalt nicht hineinpasste, in rücksichtsloser Weise von der Behörde aus dem Amt entfernt. Nachdem einige Versuche, eine andere Lebensstellung als Lehrer zu bekommen, fehlgeschlagen waren, wurde er 1865 Kaplan (onderpastoor) jn Brügge, wo ihm zugleich die Redaktion eines katholisch-politischen Blattes übertragen wurde. Die heftigen, oft in Roheit ausartenden Parteikämpfe trugen indes dem stillen Dichter eine Unsumme von Leid und die erneute Ungnade seiner Behörde ein, die ihn 1871 als Kaplan nach dem französierien Kortrijk versetzte, wo es ihm, dem begeisterten Mitstreiter in dem flämischen Freiheitskampfe, nie recht wohl geworden ist. Erst im Jahre 1899 wurde er nach Brügge zurückgerufen, wo er als Rektor der Englischen Augustinerinnen angestellt wurde. Er starb aber schon am 30. November desselben Jahres.

Flandern verlor in ihm einen treuen Sohn, einen großen Dichter, einen edlen Menschen und heiligmäßigen Priester. Seine erste Veröffentlichung „Vlaamsche Dichtoefeningen" enthält Gedichte, die im Verkehr mit seinen Schülern entstanden waren, deren Verse er verbesserte oder auch durch eigne ersetzte. Es waren unter ihnen nämlich poetisch veranlagte Naturen, u. a. die beiden Ärzte Karl de Gheldere und Eugen van Oye sowie der jetzt im Ruhestand lebende Pfarrer Hugo Verriest, die sich später als Dichter einen angesehenen Namen erworben haben. In seiner Schultätigkeit wurzeln auch die „Kerkhofblommen" (1858), die anlässlich des Begräbnisses eines seiner Schüler entstanden. In dieselbe Zeit gehören zum guten Teile noch die erst 1862 veröffentlichten „Gedichten Gezangen en Gebeden".

Obwohl diese Dichtungen bereits Gezelles volle Eigenart aufweisen und ihn als durchaus modernen Dichter von großer Tiefe und Kraft erkennen lassen, fand er doch nur vereinzelten Beifall; von den anerkannten Häuptern der literarischen Kritik in Flandern wurde er als ein erbärmlicher Reimler und Sprachverderber verschrien, während unbedeutende Verseschmiede als echte Dichter gefeiert wurden.

Auf allen Seiten verkannt, von allen – bis auf seine frühern Schüler – verlassen, brach der zartbesaitete Dichter zusammen und verlor das Selbstvertrauen. Er, der in allem anders war als die andern, wollte nun werden wie die andern, wollte wirken wie die andern und dichten wie die andern. Mehr als zwei Jahrzehnte hat er in diesem Zustande seelischer Niedergeschlagenheit und geistiger Entwurzelung verlebt. Da kam anfangs der 80er Jahre von Holland her ein Sturm, der die Throne der flämischen Literaturdiktatoren wegfegte und diese unter den Trümmern begrub. Die Erkennung brach sich Bahn, dass Gezelle verkannt werde, und diese Verkennung teils eine Folge der Parteisucht sei, hauptsächlich aber darin ihren Grund habe, dass er seiner Zeit zu weit voraus war, um von den Durchschnittsmenschen verstanden werden zu können. Anfangs der 80er Jahre sagte sich die literarische Jugend von den überlieferten Gesetzen der Ästhetik los; sie wollte Einheit von Leben und Dichtung, Wahrheit und Natürlichkeit der Empfindung, Einfachheit, Kraft und Ursprünglichkeit der Sprache, Treue in der Darstellung, Farbe, Klang und Musik im Verse. Das waren Eigenschaften, welche die mehr als 20 Jahre vorher erschienenen Gedichte in hohem Maße aufwiesen, und diese Erkenntnis führte naturgemäß zu einer ganz andern Beurteilung Gezelles: von da an galt er nicht nur als bedeutender Dichter, sondern wurde auch als Bahnbrecher gefeiert.

Die Vertreter des alten Geschmackes wurden immer seltener und kleinlauter, und heute wagt weder im Süden noch im Norden einer mehr offen zu bestreiten, dass Gezelle seit Joost van den Vondel (1587–1679) wieder der erste wahrhaft große niederländische Dichter von europäischer Bedeutung ist. Gezelle hat die Anfänge dieses Umschwunges in der öffentlichen Meinung noch erlebt. Es hat ihm persönlich wohlgetan; seine Heiterkeit und seine Lebensfreude kehrten wieder zurück. Aber auch seine Schaffenslust erwachte von neuem. Er legte den verschütteten Born seiner Jugenddichtung wieder frei, und sieh, er sprudelte wieder in alter Kraft, in unverminderter Frische und Klarheit. Zwei Sammlungen hat er dann noch erscheinen lassen: „Tijdkrans" (1893) und „Rijmsnoer" (1897).

Die letzten aus seinem Todesjahr stammenden Gedichte zeugen von derselben Kraft, Frische und Ursprünglichkeit wie die, welche 40 Jahre früher seiner Feder entflossen.

Um die zeitgenössische schöngeistige Literatur hat er sich zeitlebens so gut wie gar nicht gekümmert; er las, gerade wie Conscience, sehr wenig davon. Als ihm einmal jemand bemerkte, er müsse doch schrecklich viel gelesen haben, antwortete er: „Nein, aber mein Vater war ein Original." Hugo Verriest bezeugt, dass er nicht einmal die Werke von Joost van den Vondel besessen habe, seine ganze Bibliothek habe aus wissenschaftlichen Büchern und gedruckten und geschriebenen alten Schätzchen bestanden, die für seine sprachlichen Studien von Interesse waren.

Gezelle ist ausschließlich Lyriker, und zwar, wie das bei seinem Stande begreiflich ist, in erster Linie religiöser Lyriker. Aber seine Frömmigkeit ist schlicht-menschlich, weder lehrhaft noch süßlich noch schwärmerisch, und oft bleibt sie in den Gedichten ganz latent wie der Sauerteig im Brote. Schulmeinungen haben ihn nie gekümmert,
  seine Theologie hat ihm die Betrachtung der Natur ver-

mittelt, die ihm als Offenbarung der Gottheit gilt. Die Schöpfung in all ihren Erscheinungen, den großartigsten wie den unscheinbarsten, hat er mit wunderbarer Kraft, Klarheit und Anschaulichkeit wiederzugeben verstanden. Die Sonne in ihrer Pracht, das Gewitter in seinem Grauen, der Frühling in seiner Wonne wie der Winter mit seiner Trübseligkeit haben ihn wieder und wieder dichterisch beseelt. Tieren und Kräutern hat er ebenfalls ihr Liedlein gewidmet, dem Hengste wie der Spinne und der Schnecke, der Eiche wie der Distel und manch anderm Ding, „für das sich nur ein Flamenherz erwärmen kann" – bisweilen ein Wagnis, dem nur sein goldener Humor die Gefahr benimmt. Aber Gezelle schildert nicht allein, er ist kein bloßer Naturdichter, sondern beseelt alles mit seinem warmen Dichterhauche, durchdringt es mit seinem tiefen Gefühl, und nicht selten findet das prächtige Naturbild, das uns an sich schon fesselt, zum Schlusse noch eine überraschende Verklärung durch eine schöne allgemein menschliche oder christliche Idee.

Bewundernswert ist der Reichtum seines Wort- und Rhythmenschatzes und die sichere Herrschaft, mit der er über sie verfügt, indem er Gedanken, Klang und Bewegung in vollkommener Harmonie zu einen weiß. Mit dem schlichtesten und natürlichsten Ausdruck versteht er die feinsten Schattierungen, die leisesten Regungen und die mannigfachsten und zartesten Abtönungen so treffend und erschöpfend wiederzugeben, dass die höchste Einfachheit zur reichsten Kunst wird. Gezelles Werk ist durchweg Gelegenheitsdichtung. Wenn er z. B. ein Gewitter schildert, so ist es nicht etwa der Typus eines solchen, sondern ein ganz bestimmtes Gewitter, das an diesem oder jenem Tage niedergegangen ist und ihm in all seinen Eigen- und Einzelheiten vor Augen schwebt. Doch nicht bloß Gelegenheitsgedichte in diesem Goetheschen, sondern auch im gewöhnlichsten Sinne des Wortes finden sich bei ihm häufig genug: Gedichte zu Festen und Feiern, Taufe und Tod usw., die ihm zumeist abgebeten wurden, und die sein gutes Herz nicht versagen konnte. Vieles davon ist naturgemäß unbedeutend und kaum imstande, die Nachwelt noch zu interessieren. Doch des Schönen und Schönsten, dessen Wert und Bedeutung von Zeit und Umständen unabhängig ist, bleibt übergenug, um dem Dichter seinen Platz unter den Besten der Weltliteratur zu sichern.[4]

***

Gezelles Eigenart war zu stark, als dass er wie etwa Bilderdijk oder Prudens van Duysc sich mit Glück hätte nachahmen lassen. Er selbst drängte auch bei den während seiner kurzen Lehrtätigkeit seinem persönlichen Einfluß unterteilenden Schülern darauf, sich von allen fremden Einflüssen freizuhalten und ihre Anlagen aus sich heraus zu entwickeln. So bilden denn auch die drei bedeutendsten seiner Rousselaerer Schüler durchaus verschiedenartige dichterische Physiognomien.

Karl de Gheldere, 1839 in Thourout geboren, lebt als Arzt in Coukelare und veröffentlichte 1861 „Jongelingsgedichten", die Gezelle gewidmet waren und die Verkennung mit dessen Gedichten teilten. Er schwieg dann lange, 1883 erschienen seine „Landliederen", denen noch „Herdenken" und „Roozeliederen" folgten. Tiefes Gefühl und anmutige Schilderung ländlicher Szenen, nicht am wenigsten die lieblichen, zum Teil nach fremden Originalen bearbeiteten Kinderlieder fesseln das Interesse des Lesers. Die flämischen Dichter – das

---

[4] Von Gezelles Dichtungen ist eine Gesamtausgabe in 4. Auflage (1913) bei L. J. Veen in Amsterdam in 10 Teilen (5 Bänden) erschienen. Im selben Verlag sind auch eine größere und eine kleinere Auswahl von J. A. Nijland zu haben, die erstere unter dem Titel „Gedichten" (Preis 1,90 Gulden, geb. 2,50 Gulden); die zweite als „Bloemlezing" (Preis 0,90 Gulden, geb. 1,25 Gulden.) Einen ausführlichen Aufsatz über ihn habe ich im XI. Jahrgang der „Internationalen Monatsschrift" veröffentlicht.

sei mir hier anzuschließen gestattet – zeichnet überhaupt eine große Vorliebe für die Poesie des Kinderlebens aus. Ein liebevolles Versenken in die Kinderseele, ein feines Verständnis für ihre Regungen, eine aufmerksame Beobachtung und anmutige Darstellung des kindlichen Lebens, nicht aus psychologischem Interesse, sondern aus reiner inniger Freude und Mitgefühl entsprungen, möchte man fast einen gemeinsamen Zug aller nennen. Schon bei Conscience finden wir u. a. eine prächtige, durchaus realistische Schilderung der ersten Gehversuche eines Kindes, und unter den Schriften des größten flämischen Novellisten der Gegenwart, Stijn Streuvels, gibt es kaum etwas Reizenderes als „Een Speeldag" und „Kinderzieltje".[5] Die jüngste dichterische Blüte dieses zarten und innigen Familiensinnes bildet das „Oorlogskindeke" (Kriegskindchen), das ein junger Dichter aus Französisch-Flandern, Marcel Romeo Breyne (geboren 1890) im Gefangenenlager zu Soltau gedichtet hat.[6]

Thourouter von Geburt, wie de Gheldere, und ebenfalls Arzt von Beruf ist Eugeen van Oye (geboren 1840) in Ostende, der Johannes unter den Jüngern Gezelles. Seine Dichtungen, die ich an anderer Stelle ausführlicher besprochen habe,[7] zeichnen sich durch tiefe Empfindung, reiche Phantasie und ungemeinen Wohlklang der Sprache aus. Er hat als Arzt auf unserer Seite den Deutsch-Französischen Krieg mitgemacht, ist ausgesprochener Deutschenfreund und hat auch in hochdeutscher Sprache gedichtet.

---

5   Ich verweise hier nur auf die „100 Vlämische Volkslieder für die deutschen Soldaten herausgegeben vom Bureau zur Verbreitung von deutschen Nachrichten im Ausland. Brüssel 1915." Darunter befinden sich sehr viele Kinderlieder.

6   Es wird flämisch und deutsch (von Dr. Brühl) aus Postkarten vom Sekretariat Sozialer Studentenarbeit in München-Gladbach verbreitet.

7   „Internationale Monatsschrift" 1915, S. 561 ff.

Der Dritte im Bunde ist Hugo Verriest (geboren 1840) erst Lehrer am Kleinen Seminar in Rousselaere, später Pastor in Ingoyghem, wo er jetzt im Ruhestande lebt. Er hat wenig gedichtet und das Zerstreute nicht gesammelt. Seine Prosa ist geistreich, aber nicht ohne Manier. „Man muss ihn hören, nicht lesen", denn er ist ein geborener Redner, mit einem ungemein melodiösen Sprachorgan begabt, das die klangvollen flämischen Laute zu voller Geltung zu bringen vermag. Seitdem in Flandern, wie er selbst einmal schreibt, „alles dichtet, was Löffel leckt", ist für ihn das goldene Zeitalter angebrochen. Er gilt und fühlt sich als geistiger Vater inmitten der Dichterschar, hat für jeden ein Wort der Anerkennung und Ermunterung und wappnet ihn gegen die Kritik, die „kalt ist und tötet". Und das wird ihm reichlich vergolten! Einem Deutschen kann man seine Stellung nicht besser charakterisieren, als wenn man ihn den flämischen „Vater Gleim" nennt. Seit Consciences Tod ist er der volkstümlichste aller Flamen, auch bei den Holländern, und sein Jubiläum im Jahre 1913 gestaltete sich zu einem flämischen Nationalfest.

Sein bedeutendster Schüler ist Albrecht Rodenbach aus Rousselaere (1856–1880), der Organisator der flämischen katholischen Studentenschaft, eine talentvolle, ideale und tatkräftige Natur, ein Mensch aus einem Stück, den ein früher Tod nicht zur vollen Entwicklung kommen ließ. Sein Drama „Gudrun" wurde preisgekrönt, aber erst nach seinem Tode herausgegeben.

Unter den jüngern westflämischen Dichtern, zu denen auch ein Neffe Gezelles, Cäsar Gezelle, gehört, ist der bereits erwähnte Réné de Clercq (geboren 1877) der bedeutendste. Beim Ausbruch des Krieges flüchtete er nach Holland, wo er wegen der politischen Richtung der „Vlaamsche Stem", die er zusammen mit Dr. Jacob leitete, von der belgischen Regierung seines Amtes als Lehrer am Athenäum in Gent entsetzt wurde. Seine Kraft fließt ihm aus dem Volkslied zu, aus seinem Familiengefühl und seinem warmen Herzen für den gemeinen Mann. Seine Gedichte sind leicht sangbar, ohne in eitel Klang aufzugehen, und deshalb sind viele, manche sogar mehrfach, vertont worden. Was während dieses Krieges von ihm erschienen ist – und es ist viel – hat begreiflicherweise fast durchweg eine politische Färbung.

Die westflämischen Dichter wurden schon durch die Angriffe, denen ihre Sprache ausgesetzt war, zu einer Art Schule zusammengehalten; erst nachdem die Holländer zu erkennen gaben, dass sie auf das „reine Holländisch" selbst gar nicht denselben Wert legten wie die flämischen Kritiker, besserte sich das Los der „Sprachpartikularisten", zumal als der Realismus auch im übrigen Flandern Anhänger fand und 1893 in der Brüsseler Zeitschrift „Van Nu en Straks" ein eignes Organ erhielt. In dem Dichterkreise, der sich um sie bildete, ragt Karl van de Woestyne (geboren 1878) durch seine Begabung hervor, aber es fehlt seinen Schöpfungen die Bodenständigkeit, der Erdgeruch; sie bedeuten einen Rückschlag in den Individualismus und atmen weniger flämische als Pariser Luft; darüber vermag die Sprache nicht hinwegzutäuschen.

Von den Dichtern, welche die Schwenkung zum Realismus nicht mitmachten, seien folgende genannt: Gentil Antheunis (1840–1907), der Schwiegersohn Consciences, ein tief empfindender, sinniger, auch sehr musikalisch veranlagter Dichter. Ergreifend ist sein von van Oye ins Hochdeutsche übersetztes Gedicht „Trübe Zeiten", ein Bildchen aus dem Deutsch-Französischen Kriege von 1870/71, das aber gestern entstanden sein könnte.

Das gleiche gilt von Victor de la Montagne; 1854 in Antwerpen geboren, starb er im vorigen Jahre in Le Havre, wohin er mit der belgischen Regierung geflüchtet war. Seine Gedichte – seit 1882 hat er keins mehr drucken lassen – sind von P. Mülfarth ins Deutsche übersetzt (Bonn 1914).

Pol de Mont (geboren 1857), Museumsdirektor in Antwerpen, ein beweglicher, vielseitiger Geist und in den fremden Literaturen wohl bewandert. Dadurch, dass er auch mit ihren Vertretern und der Journalistik in Holland und Deutschland Fühlung hielt, ist er wie wenige seiner Landsleute in beiden Ländern bekannt geworden. Formgewandtheit und Vielseitigkeit charakterisieren seine Kunst. Die realistische Reaktion, die in ihm nur einen Renaissancegeist sehen wollte, wurde ihm nicht gerecht, wenn auch zugegeben werden muss, dass sein Talent sich nicht als standfest, wenigstens nicht als entwicklungsfähig erwies. In seinen ersten Sammlungen „Lentezotternijen" (1881), „FladderendeVlinders" (1885) (Lenztorheiten– Flatternde Schmetterlinge), vor allem aber in seinen „Idyllen" (1882) finden sich Perlen echter Poesie von bleibendem Werte. Vieles davon ist auch ins Hochdeutsche übersetzt, einiges sogar mehrfach. (Ausgewählte Gedichte übersetzt von A. Möser, Reclam.)

Wir haben oben in Anna Bijns eine Antwerpenerin unter den Dichtern kennen gelernt: viertehalbhundert Jahre später wurde der Stadt ein Gegenstück zu ihr in Mathilde Ramboux (pseudonym Hilda Ram, 1858–1901) beschert. Auch sie war eine Lehrerin und ein „Quisselchen", wie sie sich selbst scherzend bezeichnete.[8] Als 1884 ihre ersten Idyllen erschienen, fand sie sofort allseitigen Beifall, und selbst ein so strenger Kritiker wie Max Rooses rief aus: „Ein Dichter ist uns geboren!" Was das Urteil bestach, war die Natürlichkeit der Empfindung, das warme Gefühl und der frische Ton, verbunden mit einer großen Meisterschaft über die Sprache. Phantasie und Erfindungsgabe bilden nicht die Stärke der Dichterin, dagegen weiß sie liebliche Idyllen zu schaffen und anmutig und fesselnd zu erzählen. –

---

8   Im Titel ihrer letzten Gedichtsammlung: „Wat zei wat zong dat Kwezeltje" (Was sagte, was sang das Quisselchen) 1898. Kwezel = Betschweßer.

Roman und Novelle der jüngsten Zeit stehen natürlich mehr oder minder im Zeichen des Realismus und Naturalismus. Der fruchtbarste, erfolgreichste und auch bedeutendste in der großen Schar der Vertreter dieser Gattung ist Stijn Streuvels (Augustin Struwelpeter) mit seinem wirklichen Namen Frank Lateur geheißen. Er ist ein Schwestersohn Gezelles und 1872 in Heule bei Kortrijk geboren, lies sich als Bäcker in Avelghem nieder, hat aber schon seit mehr als zehn Jahren sein Handwerk aufgegeben und sich in Ingoyghem das Landhaus „Lijfternest" (Drosselnest) gebaut, in dem er sich ausschliesslich schriftstellerischer Tätigkeit widmet. Er ist somit ein selbstgemachter Mann, der fleh aus eigner Kraft und Arbeit, aber doch unter dem unmittelbaren Einflu seines Oheims zu dem herangebildet hat, was er jetzt ist: Flanderns größter Novellist. Guido Gezelle hat nur wenig schöngeistige Prosa geschrieben; fast nur „De Doolards in Egypten" kommen dem Umfange nach in Betracht, gleichwohl hat er auch hier seinen eignen Weg eingeschlagen, und diefelben Vorzüge, die seine Gedichte auszeichnen, haften auch seiner Prosa an: Reinheit von Fremdwörtern, Einfachheit, Kraft, Rhythmus und Wohlklang. Um nun diese Eigenschaften zur vollen Geltung kommen zu lassen, hat Streuveis ebenso wie sein Oheim auf die reine holländische Buchsprache verzichtet, und wenn er sich auch keineswegs seiner Mundart bedient, so gestattet er ihr doch einen erheblichen Einfluss. Vergleicht man ihn mit Conscience, was um so näher liegt, als beide Volkskinder sind, die sich aus eigner Kraft emporgearbeitet haben, so findet man eine große Verschiedenheit in ihrer Natur wie in ihren Werken. Die beispiellose Volkstümlichkeit Consciences wird Streuvels immer versagt bleiben müssen: der Pastetenbäcker liefert kein tägliches Brot für den gemeinen Mann, fondern hat seine Kundschaft ausschließlich in den gebildeten Klassen, besonders Hollands. Denn während Conscience zuerst und vor allem Erzähler ist und durch die Handlung das Interesse des Lesers gewinnen will, bildet diese bei Streuvels mehr oder weniger Nebensache und entschwindet daher auch leicht wieder aus der Erinnerung. Ebenso bleibt das Interesse für die Träger der Handlung nur schwach. Seine Bauern sind zwar keine Idealisten wie die Consciences, ja bisweilen gewinnt man den Eindruck, als habe ihn ein bewusster Gegensatz zu diesem bei der Zeichnung derselben nach der andern Seite hin vom richtigen Mittelweg abgeführt, aber eine scharf ausgeprägte Physiognomie fehlt ihnen gewöhnlich doch. Seine Stärke liegt ausschließlich in der Schilderung, vor allem in der Naturschilderung, und hier ist er ein unübertroffener und unübertrefflicher Meister. Sein Wirklichkeitssinn, verbunden mit einem überaus scharfen Auge und der Kunst, das Gesehene getreu, frisch und lebendig zum Ausdruck zu bringen, zwingen zur Bewunderung. Am besten gelingen ihm die mit einem Blicke zu übersehenen Bildchen; wo er große Gemälde komponiert, vermisst man die innere Einheit und sieht deutlich die Einzelszenen selbstständig vor sich. Im Grunde seines Herzens ist er eine heitere und optimistische, mit sich selbst einige Natur, durch und durch gesund, und diese Eigenschaft ist auch auf seine Werke übergegangen.

Sprachlich steht Hermann Teirlinck (geboren 1879) Streuvels sehr nahe, unterscheidet sich aber von ihm durch den starken mystisch-romantischen Einschlag, den seine Novellen aufweisen. Manch andern muss ich leider ungenannt lassen.

Entschiedener, ja krasser Naturalismus ist hier und dort wohl zutage getreten, doch liegt er den Flamen, Autoren wie Lesern, nicht recht: dort, wo der Mensch auftritt, machen auch unmittelbar Gemüt und Humor ihre mildernde Wirkung geltend.

Werke, in denen große Probleme des Menschenlebens zum Austrag gebracht werden, sind rar, Schilderung überwiegt alles. Eine ziemlich vereinzelte Erscheinung bildet „De Wandelnde Jood" (1906) von Aug. Vermeylen (geboren 1872), in dem das alte Thema in moderner Auffassung behandelt ist, der Held nach langem Irren zwischen Sinnlichem und Übersinnlichem, tierischem und geistigem Streben und Genuss im Leben und Wirken unter den schlichten Kindern der Natur sein seelisches Gleichgewicht wiederfindet.

* * *

Konnte auch diese flüchtige Skizze der flämischen Literatur nicht einmal hinsichtlich ihres Umfanges gerecht werden, so dürfte sie doch erkennen lassen, ein wie reiches literarisches Leben seit 1830 wieder aus den Ruinen aufgeblüht ist, aufgeblüht unter den denkbar ungünstigsten Verhältnissen, ohne Sonne von oben, ohne Anteilnahme der besitzenden Klassen, lediglich gepflegt von den untern und zum Teil mittlern Schichten eines Volkes, das noch erst wieder lesen lernen musste. Welch gewaltige Triebkraft muss doch dem Boden innewohnen, der in so kurzer Zeit eine so reiche Ernte zeitigen konnte, wie wir sie zwischen Ledeganck und Gezelle, Conscience und Stijn Streuvels bewundern müssen! Hat sie bisher außerhalb der engern Heimat viel zu wenig Beachtung gefunden, so liegt das zu einem guten Teil auch daran, dass der flämische Buchhandel die Entwicklung der Literatur nicht mitgemacht hat, sondern noch immer recht primitiv betrieben wird, so dass, wer es kann, sich zu holländischen Verlegern und Zeitschriften flüchtet. Die Werke von Gezelle und Streuvels werden von Amsterdam aus vertrieben, und der fruchtbare Romanschreiber Cyriel Buysse (geboren 1859) ist sogar ganz nach Holland übergesiedelt. Von den flämischen Zeitschriften hat es keine zu rechter Blüte und weiterer Bedeutung bringen können. Hoffen wir, dass auch hier der gegenwärtige Krieg eine Wendung bringe: mit der Gründung der flämischen Universität ist dafür wenigstens eine Vorbedingung bereits erfüllt.[9] Und auch das gebildete Deutschland darf nicht länger abseits stehen bleiben.

---

[9] Eine ausführliche Darstellung der neuflämischen Literatur mit zahlreichen Abbildungen findet man bei Th. Coopman und L. Scharpé, Geschiedenis der Vlaamsche Letterkunde. Antwerpen 1910 (bis 1900 reichend). Eine Übersicht über die gesamte Literatur von Aug. Vermeylen enthält das Prachtwerk Vlaanderen door de Eeuwen heen. Amsterdam 1912. Band I S. 242 - 312 (ebenfalls mit Abbildungen).

Anhang

Verdeutschungen einiger Gedichte Gezelles

Jeder, der sich mit Gezelle näher befasst, wird bald empfinden, wie schwer seine Gedichte zu übersetzen sind.[10] Schon das Verständnis findet bisweilen in seiner Sprache Schwierigkeiten, über die selbst ein gutes niederländisches Wörterbuch, sogar das westflämische Idioticon von De Bo uns keineswegs immer hinweghilft. Er ist eben ein sprachgewaltiger Dichter, der dem Worte, auch seinem Klang und Rhythmus, die größte Bedeutung beimaß. Hier versagte die überlieferte niederländische Dichtersprache, und er sah sich genötigt, seine Zuflucht zu seiner Mundart und zu den sprachlichen Denkmälern vergangener Jahrhunderte zu nehmen, die ihm boten, was er bedurfte. Ob er hierbei nicht bisweilen zu weit gegangen ist, zu viel Mundartliches schriftfähig zu machen und zu viel Abgestorbenes wieder zu beleben versucht hat, will ich unerörtert lassen. Darüber kann allein die Zukunft entscheiden. Hier sei nur nochmals nachdrücklich betont, dass bei Gezelle keine willkürliche Wortmengerei vorliegt, sondern seine Wortwahl durch wirkliches Bedürfnis nach charakteristischem Ausdruck, Rhythmus und Klang bestimmt ist. Daher hat der Übersetzer, der auf treue Wiedergabe sieht, wenig freie Hand; entsprechende hochdeutsche Wörter zu finden, ist oft sehr schwierig, bisweilen ganz unmöglich. Man lese nur einmal einige der prachtvollen Gedichte, in denen der Sonnenaufgang, das Gewitter, der Win-

---

10 „Il est le moins traduisible", hat Vermeylen von ihm gesagt.

ter usw. geschildert werden, und man wird sich leicht davon überzeugen. Der Schall des Gewitterregens z. B. wird mit den Worten: „het giet, het golvd, het geult" trefflich wiedergegeben, und jeder Leser, der nur das erste Wort versteht, wird den Guß zu hören glauben: aber wie denselben Eindruck in hochdeutscher Sprache hervorrufen? In der Mundart würde man vielleicht entsprechende Ausdrücke finden, vielleicht, aber die Mehrzahl der Leser würde sie ebensowenig verstehen wie die flämischen: die Übersetzung würde also ihren Zweck verfehlen und wäre ganz überflüssig.

Und so ist es an hundert andern Stellen.

Dazu kommt dann noch, dass die Flexionsendungen im Flämischen viel stärker verwittert sind als im Hochdeutschen, und Gezelles Sprache sich durchweg eng an die Umgangssprache anschließt, demnach Apokope, Synkope und Elision auch dort zulässt, wo die unsrige sich dagegen sträubt. Dadurch kam er natürlich in die Lage, mehr Wörter und Begriffe in einen Vers zu bringen, als wir es können, so dass nicht selten sogar schon eine ganz sinngetreue metrische, aber reimlose Übersetzung schwierig wird.

Den Reiz, der den Farben- und Klangschattierungen des Dichters eigen ist, im Hochdeutschen auch nur einigermaßen wiedergeben zu wollen, ist überhaupt vergebene Liebesmühe, und manches, das, wie ich meine, zum Allerbesten und Eigenartigsten gehört, ist zu übersetzen deshalb einfach unmöglich, ohne dass man seine Schönheit völlig vernichtet oder etwas ganz anderes an die Stelle setzt.

Bei der Verwirklichung meiner Absicht, Gezelles Eigenart und das darüber vorhin Bemerkte durch einige Übersetzungen verschiedenartiger Stücke möglichst allseitig zu illustrieren, war daher meine Freiheit in der Auswahl durch mein persönliches Unvermögen erheblich beeinträchtigt: andernfalls würde sie etwas anders ausgefallen sein! Immerhin dürfte das Gebotene für den Zweck einigermaßen ausreichend sein.[11] Im übrigen habe ich wohl bedacht, was Görres geschrieben: „Es ist ein kleiner Ruhm, gut übersetzt zu haben, aber eine große Schande, schlecht zu übersetzen." Aber wenn der eine oder andere Leser durch diese Übersetzungen veranlasst würde, zu den Originalen zu greifen, so wäre damit auch mein einziger Wunsch erfüllt.

---

11 Wie es auch im Flämischen und in andern Sprachen mit Recht geschieht, habe ich beim Zusammentreffen eines auslautenden e mit folgender Konsonanz jenes nicht durch einen Apostrophen ersetzt, sondern stehen lassen, da es bei gutem Lesen nicht ausgestoßen, sondern mit dem folgenden Vokal verschmolzen werden muss.

Pachthofszene

(Gekürzt)

Als bei unserm Schober letzt
ich mich hatte hingesetzt,
wärmend mich in Sonnenstrahlen;
frei von Herz- und Seelenqualen,
und – schon neigte sich der Tag –
ruhend da und sinnend lag:
eh als ich es noch vernommen,
war die Hühnerschar gekommen,
lugte und spähte bang und scheu,
ob mir auch zu trauen sei.
„Ja," sprach eine Henne, „wagt es!"
oder träumte ich, dass sie sagt es?
doch für mich lag's klar am Tag,
dass die Henne also sprach:
„Auf! nicht bange! er ist am Nicken,
lasst uns schnell das Korn nun picken
und verputzen kurz und gut,
während er sein Schläfchen tut!"
Und nicht lange Rat sie nahmen,
allesamt sofort sie kamen
nah und näher und so nah,
dass ich sie rund um mich sah.
Wundern musst ich mich darüber,
da ich wach und meine Lider
nicht ganz schloß und alles sah,
was da rund um mich geschah.

Nein, ich schlief nicht! und zum Wecken,
mich aus tiefstem Schlaf zu schrecken,
hätt' der halbe Lärm auch leicht
überflüssig hingereicht.
Welche Tober, weiche Schreier,
welche Hühnerkirmesfeier!
Wie sie stoben hier und dort,
gaben hin und nahmen fort!
Und das soll ich flämisch dichten?
Vater Maarlant[12] würd' verzichten
meines Dünkens, war er schon
Herr der Sprache und kein Wallon,
Jedes Küchlein, das entkrochen
kaum dem Ei, hat schon gesprochen
seine Sprache, und den Gebrauch
kannt's von Fuß und Schnabel auch:
trippelten sie los, sie piepten,
piepten, ging's in den geliebten,
„piep!" in Mutters Federrock,
die vor Freude klockte: „klock!"
Ach, das mütterliche Lieben!
Sanft weiß sie's zurückzuschieben,
wenn da eins das sichere Nest
ihrer Flügel kühn verlässt! ….
In der Reihe, auf bloßen Füßen,
wie die Waller Sünde büßen,
einwärts kehrend ihre Zeh'n .
watschelnd in langsamem Gehn,
mit dem Schwanze stets am Steuern
kamen nun die lieben, teuern

---

12   Siehe oben S. 14

Enten. – Alles nur ein Schall,
quakte und quäkte es überall:
's ward geschnattert und geschwatert
immerfort getutertatert.
„Heh!" schrie diese, „pfui!" der,
„Dieb!" schallt's hin und „Räuber!" her.
Dort, wo Wasch- und Kindtauftag ist,
und doch gut der Zungenschlag ist,
kann's nicht ärger gehn. – Den Schall
hörten Scheuer, Scheune und Stall,
hörten Gräben, Gossen, Stege,
Gänsestall und Taubenschläge,
hörte auch der liebe Schlag,
wo da manche Taube lag
in blauseidenem Gefieder,
wärmte und wandte hin und wieder,
was sie, Mutter eines Ei's,
hoffend legte auf Halm und Reis.
Hui! da kommen sie nun alle
flugs mit lautem Flügelschalle.
nah und fern; am Himmelsblau
wird's von flüggen Flügeln grau.
Dreimal sind sie hingezogen,
dreimal wieder hergeflogen,
schnell vorüber, bis zupaß
scheint ein Platz zum Niederlass.
Hört ihr sanft Gefieder hellen,
hört, wie sie die Flügel stellen,
sachte, sachte, ganz in Ruh,
mählich nach dem Grunde zu.
Und … eh sie noch Boden lassen

ihre roten Füßlein fassen,
stiebt vor ihrem Flügelschlag
Spreu und was da stieben mag.
Und – nun sind sie auf dem Grunde,
gängeln girrend in der Runde,
ducken ihren Hals und Kopf
bis zun Ohren in den Kropf,
springen aufgeschnellt und nicken,
von der Erde 's Korn sie picken,
suchen hier und suchen da,
halten sich einander nah,
brüderlich und ohne Fehden …

Aber! prächtig angetan,
kommt da – wer? – wie soll ich sagen,
welcher Ton ist anzuschlagen,
dass ihr Recht der Narrheit wird,
die den närr'schen Puter ziert?
Sieh doch, sieh das Blaugesicht an:
scheel und falsch guckt dich der Wicht an!
sieh ja ehrerbietig an
diesen schmucken Dummerjan,
sonst fährt er dir in die Waden!
Hör ihn schon sein Herz entladen:
„kik!" sein rotes Halstuch steht!
„kik!" sein Schwanz geht auf, er dreht,
„kik!" er lässt sein Nastuch längen,
„kik!" er lässt die Flügel hängen,
„kik!" wie sein Gefieder sträubt,
„kik!" den roten Kopf er reibt
auf den Schultern mit Behagen.
„kik!" er kikt, als wollt er sagen:

„kik!" hier ist der große Mann!
„kik!" wer reicht an mich heran?
Keinen gibt's! Nun hör ihn schrappen,
mit den beiden Flügeln klappen,
„kik!" nun rechts „beschaut mich doch!"
„kik!" nun links, „beschaut mich noch!"
sprach er, doch nicht einer 's hörte,
keiner, den die Dummheit störte,
die der stolze Inder trieb:
ruhig man am Fressen blieb!
Doch das wollt ihm nicht behagen,
so was könnt er nicht ertragen:
„Nein, nicht sehen, dumme Brut,
hören sollst du mich!" Nun gut!
Und er stellt sich auf die Zehen,
gleich als wollt er höher sehen,
schüttelt fest sich, dass er bebt,
sperrt den Hals auf und erhebt
solch ein gurgelndes Gegabber,
solch ein schnabbelndes Geschnabber,
Hundsgebell dagegen klingt,
wie wenn eine Merle singt.
Und nicht ein- und zweimal! immer
weiter ging es, immer schlimmer,
immer schrillere' Melodien
ließ er aus der Kehle ziehn.
Doch kein Huhn tat sich dran stören,
aber ich konnt's nicht mehr hören:
ob des Puters Prunk und Pracht
habe laut ich aufgelacht.
Weg ... flog alles um die Wette,

suchte eine Zufluchtsstätte,
wo man gut geborgen war
vor jeweder Leibsgefahr.
So hat's Spiel den Schluß gefunden,
und die Sonne, halb entschwunden,
halb noch sichtbar hinterm Wald,
sank vor Lachen hin alsbald
Ganz ins Holz, das lachte mit ...

(Dichtoefeningen. 1857/58.)

Aurora

Die äußersten Festen der Welt sind belagert, und die Glut des Krieges entflammt weit und breit den Osten.

Die Schilder des feindlichen Heeres schimmern rot in den Wolken, während ich den riesigen Führer und die tapfern Mannschaften nicht sehen kann.

Da greift seine Hand in das Bollwerk, es glitzert, es glüht, und es zerbricht die dunkele Wolkenbank unter seinem Griffe.

Er kommt, er kommt; seine strahlenden Finger fallen auf uns, die mächtigen Wolken flüchten und zerteilen sich; dort ist er!

Dort ist er und schaut mit seinem unermeßlichen Blicke über die unermeßlichen Felder der Welt.

„Triumph, o König des Himmels! Triumph!" klingt es bei jedem seiner Schritte.

Triumph, donnert es durch den Himmel und bis in das Innerste der Erde bei dem Sturze eines jeden feiner Feinde.

Triumph! Triumph! Sie flüchten! Sie flüchten! Wir bestreuen den Weg mit dem grünen Teppich, mit der roten Blume, mit der blinkenden Perle und dem schmelzenden Tropfen des Maitaus.

Triumph, o König des Himmels, sitzend auf deinem roten Thron, auf den strahlenden Schildern der Taufende deiner Krieger.

Der ganze Osten brennt von den Schildern, strahlt von den glänzenden Lanzen, fließt von dem strömenden und überströmenden Lichte.

Die ganze Welt ist eine Stimme, alle Kräuter e i n e Stimme, die funkelnde See ist e i n e Stimme, der seufzende Baum, das rauchende Feld, die strahlende Weide, das erwachende Tier, der betende Mensch ist e i n e Stimme:
Triumph!

Ich hör, ich hör das Kriegsgewühl,
das stürmt im Untergrund;
mich dünkt, dass ich das Toben fühl
aus Kriegers flammendem Mund;
was ist es, das die Luft zerreißt
in Fetzen, eh ich's gedacht?
Was ist's, das quer durch die Nebel gleißt
der dampfenden, dunkelen Nacht?
Triumph! Aurora! 's ist vorbei!
Gewonnen ist die Schlacht:
Χριστος ανεστι... Freude sei:
Er hat den Tag gebracht!

(Gedichten, Gezangen en Gebeden. 1862.)

Warum doch können wir nicht

Warum doch können wir nicht,
mein Freund, warum doch, warum doch,
gleich den Blümelein sein,
die rund um dich, rund um mich stehn?
Ein Würzelchen, gibt es ein Blatt,
ein Hälmchen, hat's eine Faser,
worin der Schöpfer nicht – ach!
sein eigner Wille und sein Herz lebt?
Von morgens, eh es noch Tag,
bis abends, wenn es gar spät ist,
stehn sie unschuldiglich, schaut,
da stehn sie und neigen ihr Köpfchen,
blinken sie, wie es Ihm passt,
weinen sie, wie es Ihm Luft macht,
lachen und lachen sie lieb,
so lieb ist nicht Honig und Milch nicht!
0! die Blümelein, o!
Die Blümelein! Edele Dinge!
Warum doch können wir nicht,
mein Freund, warum doch, warum doch
gleich den Blümelein sein,
die rund um dich, rund um mich stehn?

(Gedichten usw. 1862.)

Die Fliege

0 du dicke, schöngeschmückte, frongesinnte
Fliege du,
die so oft ich höre und sehe, kreisend
um mich zu,
fliegen, fahren, tanzen, surren stets im
Sonnenschein
mit melodisch hoch- und tiefgestimmten
Flügelein!

Ha, ich kenne keinen, der dir je ein armes
Verslein sang,
und doch singst und hast du stets gesungen,
grad so lang
wie die Meise singt, die Nachtigall, die
Amsel und
grad so schön vielleicht wie Honigbiene und
Grillenmund.

O du dicke Schnarrtrompete, sonder Wunsch und
Sorge gar,
ganz zwei gläsern Scheibchen gleichend blinkt dein
Flügelpaar,
das ich niemals seh und höre surren,
früh noch spät,
als wenn sommerwarm die Sonne am Himmel
lachend steht.

O du niedlich Tierchen, was das Herz nur immer
wünschen kann,
scheint dir eigen: dass auch ich es hätte und

jedermann,
und dass du doch, surrend so im schönen Sonnenschein,
wüsstest hinzuweisen uns zum steten Fröhlichsein!

(Tijdkrans 1893.)

Nicht gänzlich werd ich sterben!

(Non omnis moiar.)

Wär's möglich, dass
die Verse, die
ich schreibe, länger blieben
und weiteren Weg
noch gingen einst,
als der sie hat geachrieben?

Papier, du lehrst
mich eine Lehr,
die nützlich zu ermessen:
dein Meister wird,
wenn du noch bist,
schon lange sein vergessen!

O, höher muss
ich suchen gehn,
Hoffnung und Trost zu werben;
kein Sterben ist's
was sterben heißt:
nicht gänzlich werd ich sterben!

(Tijdkrans. 1893.)

's ist stille

Tempus edax..,

's ist stille! Eifrig tickt das un-
ruhvolle hangend Wesen,
worauf der Weg zum Ewigen in
zwölf Stapfen steht zu lesen.

's ist still und Mitternacht! Als ob
ich blind, scheint in der Runde
in dunkeln Tiefen alles mir
verdüstert und verschwunden.

's ist stille. Nichts zu sehn und nichts
zu hören –'s macht mich beben! –
als nur das ständige Nagen des
Zeitwurms an unserm Leben.

(Tijdkrans. 1893.)

Der Rabe

In schwarzem, schwerem Schwung hintreibend durch die graue,
die sonnenlose Luft, den Raben ich beschaue,
der, rudernd mit und durch den Wind, der eben wach, gleich einem irren Spuk nicht Ruhe finden mag.

Sein Schnabel schwarz, sein Fuß und Kopf auch schwarz, in dunkeln
Verstecken, Kohlen gleich, zwei schwarze Augen funkeln;
er trägt ein Trauerkleid, und dunkel Tuch umfängt das düstere Ungetüm, das in den Nebeln hängt.

Er schweigt; er sagt kein Wort; das Wehen seiner Schläger vernimmst du nicht; gleichwie die schwarzen Leichenträger stillschweigend gehn, geht lautlos in der Luft sein Flug, und kehrt bald hin, bald her sein schwarzer Rabenzug.

Was willst du, finstrer Spuk? Wohin? Aus welchen Weiten kommst du mit Dunst und Dampf und Winters Düsterheiten
hierher zu uns geweht? Welch böse Neuigkeit hast, Unglücksbote du, für unser Ohr bereit?

Steht Seuche uns bevor? Ist Hungersnot entstanden? Droht Tod uns wieder aus des Nordens grauen Landen? Tut Mordanschlag, Verrat uns deine Ankunft kund?

Geht etwa offen gar des Abgrunds grauser Schlund?

Kein Wort! Dann weg von hier, Unseliger; geh
flüchten dorthin, wo nie die Sonne steigt, und auf
sich richten eisfest und Felsen gleich die Wogen, und
nicht Blatt noch Blume je geschmückt die Mutter
Erde hat.

Fort! oder sprich ein Wort, wie andere Vögel pflegen,
wenn sie zur Sommerzeit sich in den Büschen regen;
ja winters, wenn der Schnee gespreitet hat sein Kleid,
so singt's und klingt's hier noch von Vogelemsigkeit.

Und du? – Der Rabe zieht mit trägem Flügelschlagen
vorbei mir, schwer und schwarz gleich einem Friedhofswagen,
und ruft mir unversehns von seiner Abschiedsfahrt
die Winterbotschaft zu, ein einzig Wörtlein: „Spart!"

(Tijdkrans. 1893.)

's ist stille.

's ist stille. Ruhig liegt
nun alles und schlief ein,
was Luft und Leben war
und Sang der Vögelein.
Kein Lüftchen ist mehr wach!
November schwingt den Stab
und stillt, was wecken könnt'
das endlos finstre Grab
des Erdreichs. Weg und Steg
sind tot und ganz verweht;
der Fuß allein erweckt
und Tritt, wo einer geht,
ein Rascheln in dem Laub,
das abfiel und nun fleckt
den Grund, den's mit Gewand
in Leichenfarben deckt.
's ist stille. Du allein,
o flügges, emsig Ding,
das, längs dem nassen Ast
hinkletternd, sein Gepink
lässt hören, fein und schnell,
entschlüpfst und piepst rundum:
„Ich leb noch, piep! ich leb
trotz Winters Wintertum!"

(Tijdkrans. 1893.)

Die Meisen

Zehn flinkfüßige Meisen
hüpfen flügge im Strauch,
quinkelieren Weisen
nach der Meisen Brauch.

Springen hin und wieder,
vorn und hinterdrein,
rund, hinauf, hernieder,
einzeln und zu zwein.

Jede auf ihrem Stöckchen
zwitschert, was sie kann,
hat das Meisenröckchen,
's Meisenmützchen an.

Nähen sie ihr Röckchen:
daumenlang blau Tuch
und von Schwarz ein Fleckchen
ist dafür genug.

Aus den kleinen Läppchen,
schwärzer als die Nacht,
nähn die Meisen Käppchen
nach uralter Tracht.

Wohl sie mir gefallen,
wenn des Mittags wird
unter Spiel von allen
kauderwelsch parliert.

Sitzt wo eine Spinne,
summt ein Imm vorbei:
schwupp! schon sind sie drinne
ohne „Einszweidrei!"

Hört sie fiesefasen,
Übermutes voll,
tummeln, springen, rasen
hin und her wie toll.

„Mir!" so ruft da eine,
„mir die Mücke!" „Dir?"
ruft zurück Kathreine,
„mir, Martinchen, mir!"

Zwei nach Recht bemessen
jedem den Genuss:
essen und vergessen
Mensch und Meise muss.

(Rijmsnoer, 20. Januar 1897.)

Die Nachtigall

Ach, Mutter, ist das nun die
Nachtigall,
von der du, Mutter, mir so
manches Mal
erzähltest, dass sie vor der
Sonne singt
und nach der Sonne ihr Abendlied
erklingt?
Dass braun sie ist von Farbe und
Eier legt
ins Nest, das niedrig sie zu
bauen pflegt?
Geht sie aufs Freien, Mutter,
früh und spät,
ist's wahr, dass sie dann fader
Duft verrät?
dass eine – schlimme Kehle
gleich davon
bekam gar manch vernarrter
Spielmann schon?

doch dass es mit Geruch und
Liedlein aus,
sobald einmal von Kindern
voll ihr Haus?

(Rijmsnoer, 9. Februar 1897.)

Die Kirchenfenster

Die Fenster stehn voll Heiligen
mit Mitra und mit Stab,
mit Palme, Lilie, Krone und Hut:
wie Rang und Stand es gab,
hat in das Glas gebrannt sie und
gebannt des Feuers Glühn,
dass sie die ganze Farbenpracht

des Regenbogens sprühn.

Doch kaum dass neu im Osten ist
der Sonnenball erglüht,
und mit den mächt'gen Strahlen trifft
die Heiligen, so entflieht
der Sammetglanz dem Mantelwurf,
der Krone ihr goldiger Schein,
und alles eben weiß nun blinkt
und blitzt gleich schön und fein.

Verschwunden seid ihr Herzöge
alsbald und Grafen dann,
verschwunden Jungfraun, Märtyrer
und Bischöfe: fortan
nicht Palmen, Stäbe, Stolen mehr,
hinschwand's wie Spuk und Spott,
es schmolz zu e i n e r Klarheit, in
e i n Sonnenlicht – in Gott.

(Rijmsnoer, 14. April 1895.)

Krieg

's ist Krieg, ja Krieg ist es,
wo Menschen sind und Tiere;
den Kampf hat, was da lebt,
als Erbstück im Gebein:
bewehret ist das Roß,
bewaffnet stehn die Stiere,
streitsüchtig Katze ist
und Hund. Das Bienchen klein
und lieb, es weiß sein Gift
dem Feinde doch zu senken
in seine Wunde, weiß
den Stachel, Hasses voll,
gar scharf auf Mord gespitzt,
so böse ins Fleifch zu lenken,
dass auch der Honigseim
ihm bitter schmecken soll!

Die Taube, sonder Hass,
das Lamm, das sich lässt binden,
das fromme Käferlein,
so klein es immer sei,
was ohne Waffenkraft,
wer wird, o Herr, es finden,
das nicht kampflustig ist,
vom alten Übel frei?
's ist Krieg, ja Krieg ist es,
wo Menschen sind; sich wütig
zerfleischen Tier und Tier;
der Tod, als aller Los,

bis in die Wolken sitzt
und späht ... So mild und gütig,
du Heiland, Friede sein,
wo wird's? – In deinem Schoß!

(Rijmsnoer, 29. April 1895.)

Courtrai!

Das feurige Untier,
die Klauen geschlagen
mit Wucht in die Schienen,
laut pfeifend entfliegt
von Lendlee zur Leye, um
nach Kortrijk zu tragen
mich in seinen Flanken,
geschüttelt, gewiegt.
Ich sitze und betrachte
im heiteren Westen
die Sonne, die große,
die rote, die schnell,
dahin fährt wie ich, und
die äußersten Festen
des Weltalls in Brand steckt
und alles sie hell
durchbricht und durchleuchtet
so Häufer wie Scheuern,
und Kirchen entflammt sie,
und lässt sie dann stehn
gleich wieder im Dunkel,
um weiter zu steuern
zum Ziele, nach Kortrijk.
– Was ist da geschehn?
Fort Sonne und Bäume,
die brennend da standen:
ist's Fahrzeug am Sinken
mit allen am Bord?

Was hör ich für fremdes
Getöne? – Wir landen!
„Courtrai!" Nur Gepfeife
und Fransch nun hinfort!

(Rijmsnoer, 10. Juli 1895.)

Der Webstuhl

Und könnt ich nur
zwei Leben leben
und könnt ich nur
zwei Menschen sein,
ich würde mir
zwei Tuche weben:
das eine grob,
das andere fein.

Das erste Tuch
von Sonne und Seide
ich webte mir
und Goldgespinn,
mit Bäumen und
mit Blättern, luftig,
und mehr als ein
schön Blümchen drin.

Mein ander Tuch,
mein zweites Leben:
ohne alle Kunst
würd ich die Schur
belassen und
aufziehn und weben
ganz recht und schlecht
nach der Natur.

Doch nein, ich soll
an Seele und Leibe
von einem Tuch

nur Weber sein,
solang ich in
dem Leben bleibe,
das sauersüß
und grob und fein.

Zum Aufzug und
Einschlag vom Leben
Hat Gott ein gut und
schlecht Gespinn
von Seide und Wolle
und Werg gegeben
und hie und da
ein Blümchen drin.

So sitze ich denn
und wirke und webe
in schwachem Stuhl,
voll Gottvertraun,
bei Tag und Nacht,
solang ich lebe,
bis kommt der Herr,
mein Werk zu schaun.

(Rijmsnoer, 24. Oktober 1896.)

Memento homo!

(Gekürzt)

„Memento homo!" Denk daran,
o Mensch, zu allen Stunden:
jetzt lebst du noch, ein Weilchen und
der Tod hat dich gefunden.

Von Staub bist du, o Mensch, gemacht,
von Staub, den an der Erden
der Wind im Wirbel treibt, und Staub
musst du auch wieder werden.

Doch wann? das kann kein Menschenkind,
noch wie? noch wo? dir sagen;
einmal jedoch, Gott sagt es, wird
die Stunde jedem schlagen.

„Vas figuli" das bist du, Mensch,
dem irdenen Topf gleichartend:
bei Fall und Stoß jedweden Tag
den Scherbenklang erwartend.

Doch eine Seele, eine Kraft,
ist dem Gefäß gegeben,
die aus dem Ewigen stammt, und das
Gefäß wird überleben.

O Schale, findet man von dir
die Scherben einst, verschlissen,

ach, sagt man dann: „Der Duft ist gut,"
„ist schlecht"? wer kann es wissen?

So dichtete ich, als Lagaes Kunst
von mir ein Bildnis[13] machte
und mich, unsterblich und getreu,
in – Töpfererde brachte.

(Rijmsnoer, 24. Oktober 1894.)

---

13 Von diesem Bilde hat der „Türmer" Jahrgang 1900 einen Abdruck gemacht.

Wir nahen

Wie kommt es, dass die Luft,
so klar noch bis
vor kaum zwei Stunden, jetzt
voll Düsternis
und Dunkel ist? Wie kommt's,
dass ganz und gar
das Gras besudelt ist,
das erst noch war
so rein und frisch? Wie liegt
umher doch hier
zerbrochen Hausgerät
und Druckpapier!
Ein Qualm, der bitter beißt,
die Sonne hüllt,
und dort, emporgeschnellt,
die Lüfte füllt,
hier irrt die Wege lang
und stinkt. Was ist
es doch, das rund um mich
nach Fäule und Mist
und Gärung riecht, dass nun
kein Pfädlein man
mehr wandeln kann mit Luft?
dass ich fürdann
beim Gehn auf Schritt und Tritt
die Zehen stoß
an Brocken, Stock und Stein,
so klein wie groß?

Wo bin ich? Sag's mir doch!
Verirrt etwa?
– Wir kommen dem Bereich
der Menschen nah!

(Laatste Versen, 16. Februar 1897.)

Halb April

Du blauwangig Gewölke dort,
Halbweiß an deinen Borden,
das grauenhaft am Himmel brummt
und grimmt im grausen Norden,
wann trittst du endlich, mild und still,
die Herrschaft ab? 's ist halb April!

's ist unbarmherzig kalt, und trotz
der Sonne kann's geschehen,
dass alles Gras, vom Rauhfrost weiß,
wir morgens trauern sehen!
Du Bösewicht, reicht dein Gebiet
noch weiter? Wir sind wintermüd!

's muss Sommer sein, nicht rauhe Luft,
's muss stehen ausgebrochen,
was wartend in den Knospen sitzt
Und was zurückgekrochen
ins Gras, dass es nicht zwicken kann
der hartfaustige Wintermann.

Steh auf, du östlich Sonnenlicht,
mit deinen Strahlgeschossen
greif kräftig an, durchdring, zerstör
das Grab, drin eingeschlossen
der Sommer saß: Erstanden steht
des Königs Kind! Schon ist's zu spät!

Hallelujah! wird's überall,
allüberall erklingen,

die Blumen und der Vöglein Schar
wetteifern laut im Singen,
der Klöppel schlägt die Glocke dann
und kündigt uns den König an.

(Laatste Versen, 12. April 1897.)